# コンパス
# 教育原理

編著：古賀一博・中坪史典・加藤　望

共著：青山佳代・大橋隆広・烏田直哉・黒木貴人・権　赫虹
　　　佐藤雄一郎・相馬宗胤・中田周作・林　恵・横井志保
　　　龍崎　忠・渡邉真帆

建帛社
KENPAKUSHA

# まえがき

　将来，幼稚園教諭，保育士，保育教諭，小学校教諭をめざす皆さん，教育という言葉を聞いて何が思い浮かびますか。小学校から現在まで受け続けている授業でしょうか。確かに，皆さんが受けてきた授業は，最も想起しやすい教育の営みの一つです。

　しかし，教育の営みは授業だけではありません。例えば，乳幼児期の教育は，小学校以降の教育とは異なる特性を有しており，保育者（幼稚園教諭・保育士・保育教諭をいう）は，内容や方法，計画と評価に基づいて授業を営むのではなく，子どもの自発的な活動としての遊びを通して，豊かな経験を育むことを重視します。また，教育の営みは，子どもにのみ開かれるわけではありません。公民館やカルチャーセンターには，大人が自分の興味に応じて学ぶことのできる多様な場が提供されていますし，既に社会で活躍している人が大学や大学院に入学し，学び直すというケースも少なくありません。生涯学習社会とは，成人以降も学び続けることが可能な社会のことなのです。

　このような教育の営みは，歴史や制度の基盤の上に成り立っています。多くの思想家たちが唱えた教育理論は，今日の実践にも数多く反映されていますし，私たちが様々な教育を受けることができるのは，様々な教育の仕組みが制度として確立しているからに他なりません。

　他方，教育は，私たちの国の文化や価値観，習慣や行動様式を映し出しています。例えば，登園（登校）や降園（下校），食事等の際に子どもたちが行う一斉の挨拶，小学校の給食当番や配膳係，掃除の時間等，私たちにとって当たり前の光景は，海外の人が見て驚くことも少なくありません。

　本書は，こうした教育のトピックをいろいろな角度から学ぶことで，教育の理念，歴史，思想，方法，内容，制度等，教職に関する多面的で専門的な知識を理解できるように編集されています。

　2021年4月

編者　古賀　一博

中坪　史典

加藤　　望

# 目　　次

## 第7章　教育の計画，評価，実践，省察を考える　61

## 第8章　子どもが育つ環境を考える　71

## 第9章　保育者や教師の専門性発達を考える　81

# 第1章 教育の原理とは何か

　教育というのは，自分の目から見えている以上に広がりをもつものである。教育は社会や文化と結び付きながら，歴史を通して営まれ続け，そして考えられ続けてきたものである。保育者（幼稚園教諭・保育士・保育教諭をいう）や教師を目指す者は，自分の知っている教育の世界に留まるのではなく，教育に向ける視点を増やし，視野を広げ，教育について考えられるようになることが重要である。「教育の原理」について学ぶ最初の章である本章では，教育という言葉や教育の意義，目的について取り上げていく。

## 1 なぜ私たちは，教育の原理を学ぶのか
### ―保育者・教員養成課程で教育原理を学ぶことの意味―

　このテキストを読んでいる人の多くは，保育者や小学校の教師になることを目指している人たちだろう。そして，その夢を実現するために，大学，短期大学，専門学校等に通い，日々，教育や保育についての勉強をしているところか，あるいは，そのような日々をこれから過ごし始めようとしているところか，という人が多いだろう。

　このテキストは，皆さんが「教育の原理」について学ぶために書かれたものである。ここで一度，本テキストの目次に目を通して欲しい。今の段階ではよくわからない用語もあるかもしれないが，これから「教育の原理」で学ぶ内容の全体図を把握することができるはずである。例えば，教育の理念・歴史・思想・制度，諸外国の教育，教育実践に関わる事柄，保育者や教師に関する事柄，家庭・社会と教育との関係，教育に関する課題等について学んでいくということがわかるだろう。

　しかし，こういった内容を学ぶことが，保育者や小学校の教師になったときに一体どう役に立つのだろう，と疑問に思う人もいるかもしれない。たしかに

「教育の原理」で学ぶ内容というのは，それを知ったことによって子どもとの関わり方が劇的に変わるとか，明日からでもすぐに保育の活動や授業を計画・実践できるようになるというようなものではない。では，何のために「教育の原理」を学ぶのだろうか。

ところで，教育というテーマは誰もが自由に，しかもそれらしく語ることができるものである。なぜならば，私たちは皆，教育を受けた経験があるからである。私たちは皆，教育について経験的に知っており，自分自身の経験を根拠に，教育について意見を述べることだってできる。また，教育を受けた経験だけではなく，教育を行った経験がある人もたくさんいる。例えば，たくさんの部下を育てたベテラン社員，自分の子どもをエリートに育て上げた保護者，有名アスリートを育てたコーチ等は，教育の専門家ではないかもしれないが，優れた教育を行った人の例としてあげられるかもしれない。

しかし，ここで注意したいのは，私たちは皆，それぞれ異なった教育を経験しているはずだという点である。どこで，どのような教育を受けてきたか。教育と聞いてどのような場面を想像するか。教育に対してどのような印象を抱いているか。こういったことに対する回答は，本来，一人一人異なるはずである。

にもかかわらず，私たちはそういった違いを気にすることなく，教育というテーマについて不都合なく会話をすることができてしまう。もしかすると，教育論だって述べることができる。なぜだろう。それは恐らく，そのような会話において，「教育」という語の厳密な意味や一つ一つの教育経験の特殊性といったことに，誰もこだわっていないからだと考えられる。要するに，細かい差異は気にせずに，「何となく通じる」というレベルで話をしているのである[*1]。

教育について日常的に会話をする分にはそれで全く問題はない。しかし，皆さんはこれから教育について会話をするのではなく，教育を計画したり，実践したり，記録したり，振り返ったり，評価したり，そして，よりよい教育について考えていけるようになることを目指していかなければならない。そのためには，本来，よい意味でも悪い意味でも豊かで多様なものであるはずのあなたの教育の経験について，それを安易に一般化したり，それが教育の全てであると軽率に結論したり，単一の視点からのみ眺めたりするのではいけない。自分自身の教育経験について分析する視点を多数もち，さらには，あなたの想像の外側にある教育の世界や教育の問題に対するアンテナを張り，教育のイメージを更新し続けるような心構えをもつことが大切になるはずだ。

「教育の原理」で学ぶ内容は様々であるが，それらは教育を社会，文化，歴史といった事柄と結び付けて考えたときに浮き上がってくる教育の姿である。今，教育を取り巻く状況がどのようになっているのかを知り，教育について歴

史的に積み重ねられてきた議論を理解していくことを通して，自分たちが生きている文脈の中で教育をみる視点や教育について考える力を養って欲しい*2。

# 2　教育とは何か

## （1）「教」「育」の字源

　「教育」という語が使用された最古級の例として，紀元前4世紀に中国で書かれた『孟子*3』という書物があげられる。そこには「君子に三楽有り……天下の英才を得て之を教育するは三楽なり」と書かれてある。すなわち，優れた人物を集め，その者に教育を行うことは，君子にとって人生の楽しみの一つである，と。

　しかし，『孟子』の中で「教育」という語の意味については説明されていない。次項でも述べるが，日本で「教育」という語が使われるようになるのは，『孟子』から2000年近く経ってからになる。「教育」というのはなかなか謎の深い語であるが，ここで「教」と「育」という文字の成り立ちから「教育」の意味について考察している研究の内容を紹介しよう*4。

　まず「教」という文字であるが，もともとは「教」ではなく「敎」という字が使われていた。「敎」は，卦，若草，亀の甲のひび割れ等を表すパーツから構成されているのだが，要するに，これは占いの行為を象った文字である。別の言い方をすると，それは「天と地が交差する狭間（境界）にあって，天の声を聞き道を告げる1)」行為である。このように「敎」という字には，日常世界とそれを超えた世界とを繋ぐという意味合いがある。ちなみに「学」の旧字体である「學」は，この「敎」のさらに別の字体「斆」を省略して表したものである。つまり「教」と「学」は同じ字から生まれたものであるのだ。

　では「育」はどうか。この文字の上半分は「子」という字をひっくり返したものである。それは，母親の胎内から生まれてくる状態の子どもを表している。そして下半分は，身体に関する漢字に用いられる部首「月（ニクヅキ）」であり，これは女性の肉体を表している。したがって，「育」という字には，新しい生命を産み出すという意味合いがあったことがわかる。なお，その意味合いは『孟子』においては少し変わっており，生まれ変わるという意味合いをもつようになった。

　以上，「教」と「育」の字義を分析すると，両字には2つの世界（天と地，胎内と胎外）というイメージが共通していることがわかる。そして，この二字を繋げることで，一方の世界からもう一方の世界へ，という産まれ直しのための

＊2　「教育」を類似の概念と比較してみることも，教育について考えるよいアクティビティとなる。例えば「教育」を「教化」「教授」「学習」「学び」「訓練」「成長」「発達」「援助」「保育」等の語と比較し，使い方，ニュアンス，受ける印象の違い等を考えてみて欲しい。

＊3　**孟子**
　中国戦国時代の儒学者である孟子（B.C. 372 ?–B.C.289 ?）の言葉を弟子たちがまとめたものだと考えられている。孟子は，孔子と並ぶ儒教の重要人物の一人であり，性善説の主張者としても知られている。そして，彼の言葉をまとめた『孟子』は，四書の一つとして数えられており，儒教の重要な経典として位置付いている。

＊4　「教」と「育」の字源については様々な説があるが，ここでは，以下の文献の字源分析を要約した。
　寺崎弘昭・周　禅鴻『教育の古層－生を養う－』かわさき市民アカデミー出版部，2006.

1)　＊4の文献と同じ，p.25.

営みが表現されていると考えられる。

## （2） "Education"の語源

＊5　箕作麟祥(1846-1897)

江戸時代末期から明治時代に活躍した日本の洋学者・法学者である。彼は幕府のもとで西洋の書物についての研究を行った。また，明治政府のもとでは主にフランスの法律の翻訳を行ったほか，その知見を活かして，日本の法律整備等に大きく貢献した。

日本で「教育」という語が広く使われるようになるのは，明治時代以降のことである。箕作麟 祥 ＊5という人物が『チェンバース百科事典』の"EDUCATION"という項目を「教育」と翻訳したことがきっかけであった。

英単語"education"は，16世紀頃に使用されるようになった語である。当初，この語には学校教育的な意味合いは含まれておらず，その意味の中心は，授乳行為に象徴されるような，生命を養う営みというところにあった。

さらに遡ると，"education"という語はラテン語の"educatio"に由来する。この"educatio"の原義を辿ると，（産婆が胎児を）引き出すという意味の"educere"と，養うという意味の"educare"の2つの意味が込められている。

以上，かつての"education"という語には教えるという意味合いはなく，その中心にあったのは産むや養うという意味合いであったことがわかる。

## （3） "Paideia"の語義と教育の定義

＊6　村井 実 (1922-)

専門は教育哲学である。古代ギリシャの哲学者ソクラテスの研究，「善さ」に関する研究，道徳教育に関する研究のほか，教育学の入門書も多く著している。

ここまでの話から，「教育」にも"education"にも，もともと教えるという意味合いはなかったことが確認された。だとしたら，今の私たちには当たり前のように受け止められている「教育」という語の教えるという意味合いは，一体どこから現れてきたのだろうか。

教育学者の村井実＊6は，教えるという意味合いの由来をギリシャ語の単語"paideia"に見出している。あまり聞き馴染みのない語かもしれないが，これは「教育学」を意味する単語"pedagogy"（英），"pédagogie"（仏），"Pädagogik"（独）に繋がるものである。

村井は「教育」という語が一体どういう事情で生まれたのかということを考えた結果，"paideia"という語に行きついた。そして，"paideia"という語が使われるようになった古代ギリシャの社会状況や哲学の分析を通して，この語には子どもを「善く」するという意味があると考えた。つまり，古代ギリシャ社会において，「子どもたちを善くするとはどういうことなのか，それはどうすればできるのかなどを，根本から問い直さなければならない状況[2]」が生じたことで"paideia"という語が生まれ，使われるようになった，と。そして，"paideia"と「教育」を結び付けたならば，「教育」という語の定義は「子どもたちを善くしようとすること，あるいは，子どもたちを善くしようとして人間が行う，子どもたちへの働きかけ[3]」であると考えることができるとした。

2）村井 実『人間と教育の根源を問う』小学館，1994，p.89.

3）2）と同じ．p.49.

子どもたち自身のうちに「よさ＊7」を求めようとする動きがあり，自発的に

成長しようとする意思がある。そして，大人の側には，子どもたちを「善く」したいという思いがある。ただ，「善さ」をどのように考えるかは，その社会，文化，歴史によって異なるし，私たち一人一人がもっている価値観の違いによっても変わってくる。一見，対立しているように見える教育論も，子どもを「善く」しようとしている点は同じであり，ただ，「善さ」の基準やその「善さ」を身に付けさせる方法論が異なる，と考えられるのである。

# 3　なぜ私たちには，教育が必要なのか

## （1）　野生児と教育

　この節題について考えるにあたり，まずは「もし教育を受けなかったら，人間はどうなるのだろう？」ということについて考えてみよう。ただし，子どもには「学ぶ権利」や「育つ権利」があるため，そのような実験を行うことは許されない*8。しかし，人類の歴史の中には，教育を受けられない状況下で長い年月を過ごした人が存在していた。

　例えば，18世紀フランスのアヴェロンという土地で，12歳前後になるまで，誰からの養育も受けず，自然の中で育ったであろう一人の少年が発見された。「アヴェロンの野生児」（図1-1）と呼ばれるようになるこの少年は，発見当時，四足歩行をし，言葉を一切話せない等，人間とは言い難い様子であったという。また，20世紀のインドでは，オオカミに育てられたとされる二人の少女（アマラとカマラ）が発見された。発見当時，少女らはまるでオオカミのような行動を取っていたという*9。

　彼／彼女らは野生児と呼ばれ，教育学や心理学の領域で盛んに研究されてきた。そして，野生児のエピソードは教育の必要性を示すものとして取り上げられてきた。要するに，子どもが幼いうちに大人がきちんと教育をしてやらないと，その子は人間になることができない，というわけである。動物としての人間を社会や文化の中で生きる人間へと変容させるためには，教育が必要である，ということになる。

## （2）　ポルトマンが論じる人間の特殊性

　人間の新生児と他の哺乳類の新生児とを比べてみると，人間にはかなり特殊な性質があることに気付く。

　哺乳類のうち，例えばウサギ，リス，イタチ等の種は，生まれたときには体も脳もほとんど発達しておらず，非常にか弱い状態で生まれる。そのため，比

*7　ここで「善さ」ではなく「よさ」と書いたのは，村井がこの2つを区別しているからである。村井は，すべての人間は「よく」生きようとしていると考える。ここで言う「よく」（「よさ」）というのは，道徳的であろうとか，倫理的であろうという話とは異なる。人は誰もが日々の生活の中で「これがよい」「これでよい」等と判断しながら生きており，「よさ」に向かう心の働きを「素心」としてもっている，というのが村井の人間観である。このような人間観の意義や，「素心」としての「よさ」が例えば道徳的で倫理的な「善さ」に偏向していく実態等について，村井は以下の文献で論じている。

　村井　実『みんなに伝えたい　教育問答』東洋館出版社，2007.

*8　詳しくは，児童の権利に関する条約（子どもの権利条約）を参照されたい。

*9　現在，アマラとカマラの話は創作の可能性が高いと考えられている。

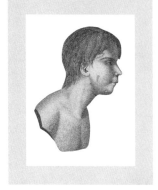

**図1-1　アヴェロンの野生児**

較的長い期間，親に守ってもらい餌を与えてもらう必要がある。こういった性質は，雛鳥が巣に留まっている様子になぞらえて「就巣性」と呼ばれる。就巣性の動物は妊娠期間が短く，一度に産む子どもの数が多い傾向にある。

　一方で，哺乳類のうち，例えばゾウ，ウシ，キリン，そして人間を除く霊長類等は，生後，比較的短い時間で立ち上がり，自分で餌を取るようになる。このような性質は，孵化後すぐに飛び立つ鳥になぞらえて「離巣性」と呼ばれる。離巣性の動物は妊娠期間が長く，一度に産む子どもの数は少ない傾向にある。就巣性の哺乳類と離巣性の哺乳類を比較すると，基本的に，離巣性の方がより生物として複雑で高等である。

　では人間はどうか。人間は生物として非常に複雑な組織構造をもち，他の哺乳類と比べても妊娠期間は非常に長く，少産の傾向を示す。にもかかわらず，新生児は大人からの保護がなければ1日として生きることができないほど，か弱い状態で生まれてくる。さらに，その後も非常に長い期間にわたって保護者の手によって保護される必要がある。

　以上のような人間の特殊性を受けて，生物学者のアドルフ　ポルトマン（Portmann, A.[*10]）は，人間を「二次的就巣性」の動物と呼んだ。ポルトマンは人間が高等哺乳類であるにもかかわらず，就巣性の性質を示す理由を次のように解釈した。すなわち，他の離巣性の高等哺乳類と比較するならば，人間は本来もう1年ほど母親の胎内で過ごすのが妥当であり，1年早産している，と。このことを彼は「生理的早産」と呼んだ。

　さらにポルトマンは，この生後1年間の未熟な時期を胎外で過ごすことが人間にとって非常に重要な意味をもっていると考えた。他の動物が環境に制約された存在であるのに対して，本来胎内にいるはずであるべきこの1年間を胎外で過ごすことによって，人間は世界に開かれた存在となることができると説いた。具体的には，この1年の間に人間は直立姿勢と二足歩行の習得，言語の獲得，洞察力の発達を果たす（要するに，立つこと，話すこと，考えることを習得する）のだが，いずれの能力も，社会環境との接触があって，はじめて習得・発達するものである[4]。この初期の接触を教育ととらえるならば，教育によって人間としての成長・発達が始まるといえるのである。

## （3）　教育基本法が示す「教育の目的」

　最後に，日本の教育に関する基本理念を示した法律である教育基本法を見よう。「教育の憲法」とも呼ばれる当法の趣旨や内容は，公教育に携わる者なら

*10　アドルフ　ポルトマン（1897-1982）
　スイスの生物学者。動物学の研究からスタートしたが，その関心は生物学という学問自体への問題意識や哲学的な人間学へと広がっていった。

4）アドルフ　ポルトマン，高木正孝訳『人間はどこまで動物か－新しい人間像のために』岩波書店，1961，pp.97-125.

ば知っておかなければならないこととしてあげられよう。しかし，単に知っておかなければならないものである以上に，本章の冒頭で述べたように，これは教育について考えるための題材という点で重要なものである。

　ここでは「教育の目的」について書かれた第1条を確認する。教育基本法第1条には「教育の目的」として「教育は，人格の完成を目指し，平和で民主的な国家及び社会の形成者として必要な資質を備えた心身ともに健康な国民の育成を期して行われなければならない」とある。「人格の完成」という最終目的が示された上で，「国民の育成」というもう1つの方向性が示されている。この「人格の完成」と「国民の育成」という2つの方向性は，それぞれ，教育の目的について考える際に必要な2つの視点を示している。

　1つ目は子ども（被教育者）のためという視点である。「人格の完成」という表現はやや抽象的に感じるかもしれないが，これは子ども（被教育者）のためという視点から設定された教育の目的だと解釈することができる。もう少し具体的にいうと，子どもたちが有している能力を最大限，調和的に発展させることを目指しているわけである。前述したように，子どもたちの内に「よく」なりたいという心の働きがあると考えるならば，子どもたちのその気持ちに応えるような教育が考えられなければならない。

　もう1つは国，社会のためという視点である。教育はいつの時代も国や社会を維持・強化するために行われてきた。例えば，学校教育が能力の高い人材を育成することを目指していたとすれば，それは，子どもがよりよい人生を歩めるようになるためだけではなく，そのような人材が増加することで社会は豊かになり，国の安定・発展に繋がるためでもある。教育基本法の「国民の育成」という方向性は，国，社会のためになる教育という視点から立てられたものであるととらえられる。

## ● 演習課題

**課題1**：幼稚園教諭免許状，小学校教諭免許状，保育士資格を取得するためには，どのような内容を学ばなければならないのか，調べてみよう。

**課題2**：本章で示した教育の定義とは別に「教育とは真理を伝授する行為である」という定義がある。それについて考えてみよう。

**課題3**：人格が完成した状態とはどのような状態か，話し合ってみよう。

●**参考文献**

イズラエル シェフラー，村井 実監訳『教育のことば−その哲学的分析（第2版）』東洋館出版社，1987.

広田照幸『ヒューマニティーズ　教育学』岩波書店，2009.

フランソワ トリュフォー監督・脚本『野生の少年』［DVD］20世紀フォックス・ホーム・エンターテイメント・ジャパン，2008.

---

## コラム　　メタファー的思考で「教育」をとらえ直してみよう

　世間には様々な教育論が流布しており，それらは時に私たちを混乱させる。

　だが，そういった教育論に翻弄されてはいけない。例えば，個人的な経験に基づいて教育論が語られている場合，そこでは過剰な一般化が行われている可能性がある。「自分はこうだったから，誰でもそうだ」という短絡的な論証は，教育という行為や教育が行われている状況が多様なものであることを無視してしまっている。また，教育論は無責任に語られやすい。教育というのは時間が掛かるものである。自分の教育や教育論が正しいか否かは，すぐにわかるものではない。ずっと先になってようやく見えてくるかもしれないし，いつまで経っても見えてこないかもしれない。そのため，私たちは結果を不問に付したまま，安易に教育論を語ってしまうことがある。

　しかし，「ゆえに，教育論を学ぶ必要はない」ということではない。様々な教育論について知ることは，教育を見る視点を増やし，教育について考え直す機会を与えてくれる。

　ここで簡単なアクティビティとして，遊び心を込めた「教育とは……である」という文を作ってみよう。ポイントは，一見，教育とは関係なさそうな概念を使ってみることである。例えば，「教育とは旅である」「教育とは遊びである」「教育とは暴力である」「教育とは洗脳である」「教育とは忘れることである」等。

　これはメタファー（暗喩）的思考を用いたアクティビティである。ある概念Aを別の概念Bで喩えることによって，概念Aの体系の中に概念Bの体系が持ち込まれることになる。例えば「旅」という概念は「出発」「目的地」「岐路」「冒険」「道」といった諸概念と結び付いている。これを教育に適用すると，例えば教育には「家庭という安全な場所から離れること」「目標（目的地）は決められており，そこに到達するまでの過程を色々と考えること」「人生の転機となる選択を定期的に求められること」という性質があることに気付かされる。メタファー的思考法は，凝り固まった考えをほぐし，現実を新たな視点でとらえる手助けとなるだろう。

**参考文献**

内田 樹『街場の教育論』ミシマ社，2008.

ジョージ レイコフ・マーク ジョンソン，渡部昇一他訳『レトリックと人生』大修館書店，2001.

諏訪哲二『間違いだらけの教育論』光文社，2009.

# 第2章 乳幼児期の教育（保育）を考える

　近年，乳幼児期の教育（保育）がその後の人生に大きく関わることが研究によって明らかになってきた。そこで，第2章では質の高い乳幼児期の教育（保育）についてのとらえ方を世界と日本の両方からみていきたい。「質の高い乳幼児期の教育（保育）」と一言でいうのは簡単であるが，それはどのようなことを指すのだろうか。また，子どもの成長に大きな影響を与える保育者（幼稚園教諭・保育士・保育教諭をいう）の役割とは何か。質の高い乳幼児期の教育（保育）の実践についても事例や実際の指導案から学びたい。

## 1 質の高い乳幼児期の教育（保育）とは

　近年，日本の乳幼児期の教育（保育）は，目まぐるしく，また大きく変わりつつある。その背景には待機児童対策としての多様な就学前施設（幼稚園・保育所・認定こども園をいう）の増加がある。2015（平成27）年にスタートした「子ども・子育て支援新制度*¹」により，幼保連携型認定こども園や保育所の数が増加し，ビルやマンションの一部等を使用して行う小規模保育，保育ママにみられる家庭的保育，ベビーシッターのような居宅訪問型保育，対象を地域の子どもにまで拡大した事業所職員のための保育等も始まった。さらには，2019（令和元）年10月から始まった3歳児以上の子どもたちを対象とした「幼児教育・保育の無償化」等があげられる。幼児教育・保育の無償化は就学前施設の必要な経費の多くを税金という公費で賄うということであるから，公教育性がより高まり，その成果として乳幼児期の教育（保育）の質*²の向上が社会から求められることとなった。

　それでは，先ず保育の質とはどのようなことを指しているのかみていきたい。

＊1　子ども・子育て支援新制度

　2012（平成24）年8月に成立した子ども・子育て関連3法（p.108参照）に基づく制度のことで，支援を必要とする全ての家庭が利用できるように多様な支援の量を増やしたり，子どもたちがより豊かに育っていけるよう，職員配置の改善や処遇改善をし，支援の質の向上を目指している制度である。

＊2　「乳幼児期の教育（保育）の質」は，以降，「保育の質」と表記する。

# （1）世界の先行研究からみる保育の質のとらえ方

経済協力開発機構（Organisation for Economic Co-operation and Development：OECD）は，次の6つの次元で保育の質をとらえることができるとしている[1]（図2－1）。第1は「志向性の質」。保育において何を大事にどのような保育の方向性を目指すのか，政府や自治体が示す方向性である。第2に「教育（保育）の概念と実践」。幼稚園教育要領，保育所保育指針，幼保連携型認定こども園教育・保育要領に示される保育のねらいや内容にあたる。第3として「構造の質」。物的環境（園舎や園庭，遊具や素材・教材等）・人的環境（保育者と子どもの人数比率，労働環境等）の全体的な構造を指す。第4は「実施運営の質」。園や学級レベルの保育計画，職員の専門性向上のための研修参加の機会，実践の観察・評価・省察の時間確保，柔軟な保育時間等，現場のニーズへの対応，質の向上，効果的なチーム形成等のための運営と幅広い。第5に「相互作用あるいは保育の過程（プロセス）の質」。子どもたちの育ちをもたらす，安心感や教育的意図（活動のための具体的な素材や遊具等の環境構成）等を含み込む保育者と子どもたち，子どもたち同士，保育者同士の関係性（相互作用）である。そして第6は「子どもの成果の質」。保育者によって子どもにとって健やかな心身の成長が保障されているかという，現在の，そして未来の子どもたちの幸せ（well-being）につながる成果のことをいっている。

ただ，ここにあげられた6つの質は各々が独立しているわけではなく，相互に関わりあっていることを忘れてはいけない。

また，アメリカのNICHD[*3]による「保育の質の研究」では，2つの要素について検討されている。第1の要素は，「構造に関するもの」で，子どもと保育者の人数の比率，クラスの子ども数，保育者が受けた教育のレベルの3つの規定的特徴（regulable feature）であり，具体的な規定は公的機関等により定められている。第2の要素は「子どもの日々の体験そのものに関するもの」で，子どもと保育者との関わりや，子ども同士の関わりについて，またおもちゃ等，物を使った遊びについてといったプロセス的特徴（process feature）である[2]。

以上が現在のOECD，及びアメリカにおける保育の質のとらえ方である。

1）OECD編著，星三和子・首藤美香子・大和洋子・一見真理子訳『OECD保育白書人生の始まりこそ力強く：乳幼児期の教育とケア（ECEC）の国際比較』，明石書店，2011，pp. 147－148.

＊3　NICHD

National Institutes of Child Health and Human Development：国立小児保健・人間発達研究所

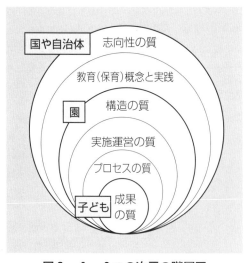

**図2－1　6つの次元の階層図**

出典）厚生労働省「保育所等における保育の質の確保・向上に関する検討会（第1回）資料」.

## （2）日本における保育の質のとらえ方

　それでは，日本ではどのように保育の質をとらえているのだろうか。国は2018（平成30）年，厚生労働省，文部科学省，それぞれにおいて保育の質を向上させるための検討会を開催した。厚生労働省では「保育所等における保育の質の確保・向上に関する検討会」を開催し，2020（令和2）年6月までの約2年間に10回の検討会が行われた。また，文部科学省では「幼児教育の実践の質向上に関する検討会」を開催し，2020（令和2）年5月に中間報告がまとめられている。これら両検討会のまとめから整理すると，現状の日本の保育の質のとらえ方は以下のようになる。

　厚生労働省の検討会の議論のとりまとめによると，「保育の質は，子どもの経験の豊かさと，それを支える保育士等による保育の実践や人的・物的環境からその国の文化・社会的背景，歴史的経緯に至るまで，多層的で多様な要素により成り立つもの[3]」とされ，保育の質の確保・向上に向けた取組のあり方として以下の5点をあげている。

2）　日本子ども学会編，菅原ますみ・松本聡子訳『保育の質と子どもの発達　アメリカ国立小児保健・人間発達研究所の長期追跡研究から』赤ちゃんとママ社，2013，pp.21－29.

3）　厚生労働省「保育所等における保育の質の確保・向上に関する検討会議論のとりまとめ」2020，p.17.

---

　①　保育所保育指針を共通の基盤とした取組

　　（ア）　評価・研修等様々な取組を，関係者間で理解を共有し一貫性をもって実施

　②　組織及び地域全体での取組

　　（ア）　保育士一人一人の主体的・継続的な参画と，そのための職場の環境づくり

　　（イ）　地域において，各現場のリーダー層や職員が互いに学び合う関係の形成

　③　多様な視点を得る「開かれた」取組

　　（ア）　現場間で保育士等が互いに保育を見合い対話する機会の充実・促進

　　（イ）　保育に関する様々な立場からの多面的・多角的な検討の実施・普及

　④　地域における支援人材の確保・育成

　　（ア）　現場を支持的・協同的に支援し，地域的な取組の中核を担う人材の配置

　⑤　地域の取組と全国的な取組の連動

　　（ア）　現場の保育士等と地域の学識経験者等が協同的に関わる取組の実施

　　（イ）　各地の事例や意見等を全国的に検討・協議する仕組みの構築

---

出典）　厚生労働省「保育所等における保育の質の確保・向上に関する検討会議論のとりまとめ（概要）」2020.

　時期を同じくして示された文部科学省の検討会の中間報告では，質の向上のための具体的方策として以下の6点があげられた。

　①　幼児教育の内容・方法の改善・充実

　　（ア）幼稚園教育要領等の理解推進・改善，（イ）小学校教育との円滑な接続の推進，

　　　（ウ）教育環境の整備，（エ）特別な配慮を必要とする幼児への支援

②　幼児教育を担う人材の確保・資質及び専門性の向上

　　　（ア）処遇改善をはじめとした人材の確保，（イ）研修の充実等による資質の向上，

　　　（ウ）教職員の専門性の向上

③　幼児教育の質の評価の促進

　　　（ア）幼児教育施設への適切な指導監督等の実施，（イ）幼児教育施設における評価等を通じた運営改善，（ウ）幼児教育の質の評価に関する手法開発・成果の普及

④　家庭・地域における幼児教育の支援

　　　（ア）保護者等に対する学習機会・情報の提供，（イ）関係機関相互の連携強化，

　　　（ウ）幼児教育施設における子育て支援の促進

⑤　幼児教育を推進するための体制の構築

　　　（ア）地方公共団体における体制の構築，（イ）調査研究の推進

⑥　新型コロナウイルス感染症拡大の状況における幼稚園等の具体的な取組

出典）　文部科学省「幼児教育の質の向上について（中間報告）（概要）」2020.

<aside>
4）　汐見稔幸「トップダウンではない，保育の質向上への議論の喚起のために」発達，158号，2019，pp.2－7.

無藤　隆「幼児教育の質向上のために－その施策を考えるポイント」発達，158号，2019，pp.8－13.
</aside>

　以上，両検討会によって質の向上をめぐって課題が明確化された。しかし，前記の資料からもわかるように，質の高い保育の一義的定義はなされなかった。なぜなら，「国が決めた質の高い保育の定義に従って保育すれば，保育の質が高まる」と，そのことだけに囚われてしまう就学前施設や保育者が出ることが考えられるからである。国に示されたことを実践すればよいのではなく，明らかになったこれらの課題について，各就学前施設・各保育者が高い質とは何かを具体的にとらえて，それに向けて自分たちの保育をよくしていくという日々の営みが大切となるからである[4]。

## 2　質の高い乳幼児期の教育（保育）を担う保育者の役割

　ここまで，保育の質とは何かをみてきたが，常に「子どもを中心に」考えることが保育の質を高めるにあたって重要であることは理解できたことだろう。望ましい保育のあり方は幼稚園教育要領，保育所保育指針，幼保連携型認定こども園教育・保育要領に示されているので，それを基に就学前施設それぞれで多様な創意工夫をすること，一人一人の保育者が保育のプロセスの質を高めようと努力し続けることが重要なのである。

　それでは，実際に保育者にはどのようなことが求められているのか，幼稚園教育要領を基に考えていきたい。

---

（7）　幼児の主体的な活動を促すためには，教師が多様な関わりをもつことが重要であることを踏まえ，教師は，理解者，共同作業者など様々な役割を果たし，幼児の発達に必要な豊かな体験が得られるよう，活動の場面に応じて，適切な指導を行うようにすること[5]。

---

## （1）子ども理解

まずは，子どもの主体的な活動を促すために，子ども理解に努めなければならない。子ども理解とは，子どもの活動や行動の理解と，内面の理解である。子どもの活動を理解するためには，これまでどのような経験をしてきたのか，また，今どこで誰とどのような遊び（活動）をしているのかという，"個"と"集団"の両面から理解する必要がある。そのためには，園生活だけでなく家庭での様子も把握するために家庭との連携を図ることも大切である。

子どもの内面の理解を深めるためには，子どもと共に行動しながら考えたり，子どもの降園後に1日の保育を振り返ったりすることが大切である。

## （2）共にある

保育者が子どもと同じ目線に立ってものを見たり，一緒に活動に取り組んだりすることは，子どもの安心感や楽しさに繋がる。また，子どもは日々の保育者の言動を見て，善悪や他の子どもへの思いやりの気持ち等を学ぶ。そして，何より保育者は憧れを形成するモデルとなっていることを忘れてはならない。さらに，生活の様々な場面において子どもの気持ちに共感することは，信頼関係の構築に繋がり子どもの気持ちの支え，精神的に安定するよりどころとなる。

保育者が子どもと共にあることの大切さを，倉橋惣三（第6章，p.54参照）が著書『育ての心』に記しているので紹介したい。

5）　文部科学省『幼稚園教育要領』（第1章 第4 3）2017.
以下に保育所保育指針，幼保連携型認定こども園教育・保育要領の保育者の役割が載っている。併せて確認しておこう。
厚生労働省『保育所保育指針』〔第1章 1 （1）エ〕2017.
内閣府等『幼保連携型認定こども園教育・保育要領』〔第1章 第2 2（3）ク〕2017.

6）　倉橋惣三『育ての心（上）』フレーベル館，2008，p.35.

---

**廊下で**

泣いている子がある。涙は拭いてやる。泣いてはいけないという。なぜ泣くのと尋ねる。弱虫ねえという。…随分いろいろのことはいいもし，してやりもするが，ただ一つしてやらないことがある。泣かずにいられない心もちへの共感である。

お世話になる先生，お手数をかける先生，それは有り難い先生である。しかし有り難い先生よりも，もっとほしいのはうれしい先生である。そのうれしい先生はその時々の心もちに共感してくれる先生である。

泣いている子を取り囲んで，子どもが立っている。何もしない。何もいわない。たださもさも悲しそうな顔をして，友だちの泣いている顔を見ている。なかには何だかわけも分からず，自分も泣きそうになっている子さえいる[6]。

## （3）指導計画の構想と実践

　子どもの主体性を大切にすることと，子どものしたいことをただ黙って見ていることには大きな違いがある。子どもは環境に関わって遊びを生み出したり，豊かにしたりする。その環境構成をする保育者には，日頃の教材研究の積み重ねや遊具や用具の構成の仕方の工夫等が求められる。子ども理解に基づいた柔軟な発想による指導計画を立案し実践することや，臨機応変の環境の再構成は保育者の大切な役割である。

# ③　質の高い乳幼児期の教育（保育）の実践例

　これまで質の高い保育についての考え方や，保育者の役割について学んできた。ここではOECDが先進的な実践の成功例としてあげている『5つのカリキュラム（Five Curriculum Outlines）[*4]』の中でも最も世界的に影響を及ぼしていると考えられるレッジョ・エミリアの実践を紹介したい。

　また，毎年研究テーマを設定して保育に取り組み，市内の保育者だけでなく，学校の教師らを招いて年1回の公開保育をする等，保育の質の向上に積極的に取り組んでいるA幼稚園の実践を紹介する。

## （1）レッジョ・エミリアのドキュメンテーション[*5]から

　生後10か月の乳児が本物の時計と時計が載っているカタログのイメージとを結び付け始める様子を撮影した4枚の写真がある（写真2−1）。この保育者は乳児を注意深く見ていたので，カタログの時計に興味をもっていることに気付き，それを受け止めた（写真1）。そこでコミュニケーションを止めることもできたが，レッジョでは子どもが興味をもったことを受け止めたら，それを伸ばすことが必要であると考えられているので，自分の時計を見せて音を聞かせた（写真2・3）。その後，乳児はカタログに耳をくっつけて音を確かめた。

　マラグッツィ[*6]は，「自然な形で好奇心をもった子どもは，自分をとりまくまわりの世界のすばらしさを知り，その関係や結びつきを理解していくものだ[7]」と指摘し，「探求をうながす高い質の視覚経験のための機会をつくってやることが教育者（保育者）に課せられた使命である[7]」と述べている。

## （2）5歳児ゆり組（5月）の事例から

### 1）保育者の意識を高めるテーマの設定

　A幼稚園（事例2−1）のこの年のテーマは「幼児の主体性を育む環境の構

[*4]　5つのカリキュラムは以下である。
　経験に基づく教育（ベルギー），ハイスコープ（アメリカ），レッジョ・エミリア（イタリア），テ・ファーリキ（ニュージーランド），スウェーデンカリキュラム（スウェーデン）。
　鈴木正敏「幼児教育・保育をめぐる国際的動向—OECDの視点から見た質の向上と保育政策—」教育学研究，81巻4号，2014，pp.78−90.

[*5]　ドキュメンテーション
　レッジョ・エミリア市の幼児教育において生み出された記録の様式。
　秋田喜代美監修『保育学用語辞典』中央法規出版，2019，p.220.

**写真2−1　ドキュメンテーション例**
**―イメージと実物を結ぶ―**

出典）ジョアンナ ヘンドリック編，石垣恵美子他訳『レッジョ・エミリア保育実践入門―保育者はいま，何を求められているか―』北大路書房，2000，p.24.

＊6　**ローリス マラグッツィ**

　レッジョ・エミリア保育実践創始者の一人。

7）ジョアンナ ヘンドリック編，石垣恵美子他訳『レッジョ・エミリア保育実践入門―保育者はいま，何を求められているか―』北大路書房，2000，p.24.

成について−自ら考える力を育てる環境−」であった。このように，テーマを設定して日々の保育に取り組むことで，確かな振り返りができるようになる。

　事例2−1「考察」（p.17）に「この事例から，教師の行った環境の構成について振り返る」とあるように，考察する視点をはっきりさせることで，その日の保育を評価するとき，翌日からの保育の視点が明確になる。結果として，その後に行われる環境構成は子どもたちの遊びの充実に繋がる。

### 2）振り返ることによって得られる "気付き" と "確信"

　子どもにとっては，幼稚園に一歩入れば全てが遊び場である。考察（波線①）にあるように，他の空間と仕切られた広すぎないスペースは子どもにとっては格好の遊び場となる。X先生は，大人の常識にとらわれて「廊下で遊ぶと通る人の邪魔になるよね」とは言わず，遊ぶ子どもたちを見守った。この柔軟な対応によって大きな気付きを得ることになった。（波線②）1日の保育を自らの関わり方との関係で振り返ることで改めて気付くこともあり，これからの保育に活かされることは間違いない（波線⑤・⑥）。

### 3）活動の流れを理解して言葉を聴くということ

　教師の思いや読み取りからもわかるように，目の前で広がる子どもの世界を，子どもたちの年長児らしい言葉のやりとりに着目して理解している。それがタイミングのよい援助となっている（波線③・④）。

## （3）5歳児ゆり組の週案からみる子どもの育ち

　週案（図2−2，p.18,19）の中から太枠で囲ったドッジボールを取り上げる。

### 1）教師の願い

　先週までの幼児の姿からX先生は「友だちと思いや考えを伝え合いながら一緒に遊びを進めていくことの楽しさを感じて欲しい」と，願っている。この願いは，これまでのゆり組の子どもたちのリレー等を楽しんだ経験からくるものである。この願いを基に環境（図2-2参照）は構成されている。

### 2）環境の構成

　ドッジボールで勝つために気を付けることを書き出したボードが見やすく置いてあることで，子どもたちの作戦会議は盛り上がりをみせる。勝つための作戦を子どもが発言するのを教師が文字として残すことで，クラスみんなに共有され，一生懸命に発言する子どもの姿から，それまで積極的に発言しようとしなかった子どもも刺激を受けて自分の考えを発言しようとするきっかけとなる。

### 3）保育者の援助

　先週の幼児の姿からの願いにあるように，子どもたちだけでも作戦会議は上手にできるようになってきているが，まだ自分の考えをうまく言葉にできない子どももいるので，X先生は言葉を補ったり，逸れていってしまう話を元に戻す役割をしている。また，子どもたちが楽しい雰囲気の中でドッジボールができるよう，認めたり共感する等といった働き掛けも大切にしている。

### 4）「主体的・対話的で深い学び[*7]」の実現に向けて

　リレーの経験が下地となり，ドッジボールで勝つための作戦会議を始め，自分の作戦を説明したり，友だちの話を聞いたりした子どもたちは，主体的であり，対話的であった。試合で勝って共に喜んだり，負けて悔しがったり，もう一度作戦を練り直す。その中でボールに当たってしまった友だちを思いやったりすることで大切なことに気付いていく。これらの活動が深い学びにつながるのである。

*7　2017（平成29）年改訂の幼稚園教育要領において「第1章　総則」が抜本的に改訂され，必要な事項がわかりやすく整理された。第1章〔第4　3（2）〕には幼児の主体的・対話的で深い学びが実現するよう，保育者は絶えず指導の改善を図る必要性があると記されている。

## ● 演習課題

**課題1**：保育者として保育の質を向上させるために必要なことは何か話し合ってみよう。

**課題2**：レッジョ・エミリアの保育実践の特徴を調べてみよう。

**課題3**：子どもの主体性を大切にする保育では，どんな留意点があるか話し合ってみよう。

## 事例2−1 みんなでボーリングになる

〔背景〕

5人の子どもが廊下で集まって何をして遊ぶか相談中…

「なんか倒して遊ぶゲームがいい！」「それじゃあ的を作って，投げて倒したら？」「でも投げたら人に当たっちゃうから危ないよ」「わかった，じゃあ転がせばいいじゃん！」「あ，ボーリングみたいにね！」と会話をして，ボーリングを作って遊ぶことになった。ピンは廃材コーナーにあった牛乳パックに決まった。それをどうやって並べるか相談している。

| 子どもや教師の言葉 | ・教師の思い　＊読み取り |
|---|---|
| A児：ねえ，こうやってやるのは？<br>B児：並べたら？並べたらさ，みんな分できるじゃん。でも余っちゃうかもしれないからさ<br>C児：余るやつはいいじゃん，みんなでやるんだから。じゃあさ，1回ひとりがバーンって倒して，そしたら誰かが直して，そしたら誰かがもう1回倒す。全部できるんじゃない？<br>D児：じゃあさ，なんかさ，2つを置いてさ，なんこ倒れるかな〜ってやるのは？<br>C児：どうする〜？<br>しばらくみんなで考える…<br>C児：そうだ，こうやって2個ずつ並べていくと，牛乳パックを横にして2つを重ねる。<br>A児：あっ，ジェンガみたいに並べていく<br>C児：こうやって，こうして…貸して，そしたら難しくなるよ<br>A児：そうするんじゃなくてこっち向きは？<br>と，飲み口を同じ方向にする。<br>C児：だから倒れてくるのか<br>E児：でも倒れてくるかな？<br>B児：ねぇ，並べよ1回！<br>C児：こう，こう！<br>と，2つ重ねたものを横に並べていく。<br>B児：あぁ！2個ずつ置いていけばいいってことね<br>中略<br>2つ重ねた牛乳パックが4列でき上がった<br>E児：でも4個しかないから，でも5人だから…みんなでできないとだめだもん<br>B児：もう1個くらい2つあったらいい<br>と近くにいた教師に向かって言う<br>教：あるよ，これ！ | ＊「みんな分」という言葉が出てきたことから，一緒に遊びたいという気持ちが感じられる。<br>協同性<br>＊友だちの言葉に対して「じゃあさ」という言葉が出てきている。友だちの意見を聞いた上で再び考え，自分の意見を言おうとしている。<br>・いろいろな思いが出てきていて，それを自分で話そうとしているな…これからどのように遊びが進んでいくのかな。<br>＊実際に並べながら自分の思いを伝えようとしている。<br>・様々な思いを言葉で表そうとしているな，うまく友だちに伝わるといいな。<br>＊友だちが並べていく姿を見て納得したり，認めたりする言葉が自然と出てきている。<br>・ピンの数と自分たちの人数を比べているな。足りないことに気付き，どのように動くのかな。 |

吹き出し内コメント：

- みんな分　根底に友だちとの関係の深さがでている。
- 〜みたいに　イメージが共有できるように例示をしている。
- そしたら　順序だてて考えている
- 言葉による伝え合い　置き方による工夫の仕方を言葉で表したり，例えを用いてみんなで共通して考えられるようなやりとりをしている。
- 数量への関心・感覚　人数と物を数えたり，比べたりしながら数量に関心を持ったり，感覚を豊かにしている。
- 教師の絶妙なタイミング！

〔考察〕—この事例から，教師の行った環境の構成について振り返る—

●この遊びは廊下で楽しんでいた。少し限られた廊下というスペース①でできたことも，友だちと思いを伝え合ったり，置く場所や個数を相談したりするためによかったのではないかと感じた。廊下も子どもたちにとっては大切な遊び場であるととらえ，子どもたちの様子に応じて遊びの場を作っていくことも大切であると感じた。②

●この遊びをしていた子どもたちにとっては，ボーリングを本物のようにやることが目的ではなく，「みんなで遊ぶ③」ことが目的であり，共通のイメージをもって遊んでいたのではないかと感じた。「みんなでやりたい」「一緒に楽しみたい」④という思いを子どもたちの言葉から汲み取ることができ，友だちとのつながりが強くなってきた年長児ならではの姿であると感じた。途中で牛乳パックの数が足りないことに気付いたときも，みんなで取りに行く姿から，自分だけではなく，全員で遊びたいという子どもたちの思いが感じられた。

●子どもたちが遊びを進めていく上で教師も大切な人的環境である⑤と考える。しかし，年齢や遊ぶ姿に応じて教師の声掛けのタイミングや必要性を見極めることが大切であると，事例を通して感じることができた。この遊びを進めていく中では，子ども同士がたくさんの言葉を発しながら友だちに一生懸命に伝えようとしたり，友だちの話を聞こうとしたりする姿があったため，教師は見守っていた。⑥子どもたちだけで相談し，実際に試してみながら遊びを進めていたからこそ，今回のようなボーリングの形になったのではないかと感じた。

＊波線はX先生による

注）　本事例は，愛知県小牧市立第一幼稚園に協力を頂いた。事例中の破線とコメントはX先生により書き加えられたものである。

| 5歳児 ゆり組 17名（男児 9名，女児 8名） | 担任 |
|---|---|
| 第11期 | 23週 （ ○月○日 ～ ○月○日） |
| 期のねらい | ◎友だちのよさを互いに認め合いながら，自分の力を発揮して生活する楽しさを味わう。 |

**先週の幼児の姿からの願い**

・戸外遊びでリレーや氷オニ等，友だちと誘い合って遊ぶ姿が見られる。最近楽しんで遊んでいるドッジボールでは，繰り返し遊ぶうちにルールがわかってきて，ボールがキャッチできるようになったり狙ったところに投げられるようになったりと，少しずつできることが増えていくことに喜びを感じている様子が見られる。遊ぶ中でも友だち同士で「はい！ボール，こっちこっち～！」と言ったり「○○くんって投げるのうまいよね！」と認める姿があったりする。また，「僕は逃げるのが得意！」「だって最後まで残ってる人が多くないと勝てないもんね！」と会話をしたり，「ボールはすぐに投げた方がいいんだよ！」等，思いを友だち同士で伝え合ったりする姿も見られる。クラスでリレーを楽しんだ経験から，"ドッジボールで何を気を付けたらいいか"をクラスの友だちと考えようとする様子も見られ始めている。友だちと思いや考えを伝え合いながら一緒に遊びを進めていくことの楽しさを感じて欲しい。

・室内遊びの中で友だちと一緒にごっこ遊びを楽しむ様子が見られる。引き続き遊んでいるパン屋さんごっこでは，「ここが壊れてるから修理するね！」や「お店開く前にきれいに整頓しないと！」「そうだね，じゃあ今はお休みにしとくね～！」と友だち同士で話したり，「お店に入ったときに，リンリンって鳴るといいよね！」「それいいね，お店の人が誰もいなかったときに鳴らしてもらったりね！」等イメージを伝え合いながら遊ぶ様子が見られる。他にも最近始まった"宝島ごっこ"では「宝箱作ろう！」と言って段ボールで作ったり，「じゃあさ，宝の鍵もいるよね？」と鍵作りに繋がっていったりする姿がある。今週も友だちとイメージを伝え合いながら，必要な物を作ったりそれで遊んだりすることを楽しんで欲しい。

・戸外で見つけたクロガネモチの実や数珠玉，千日紅等を遊びに使う様子が見られる。また，「公園でドングリ拾ったよ！」と言って持ってきたドングリでケーキやペンダントを作ったり，ドングリめいろを作ったりして楽しんでいる姿も見られる。ドングリにも種類があることを知り，図鑑と見比べながら「これじゃない？」と言っている様子もある。身近な自然物に触れ，それを遊びに取り入れることの楽しさを感じて欲しい。

| ねらい | ○友だちと思いを伝え合いながら，一緒に遊びを進めていくことの楽しさを感じる。<br>○自分なりのイメージをもち，それを試したり工夫したりしながら表現しようとする。 | 内容 | ◎遊びの中で気付いたことや，"よいかもしれない！"と思ったことを，友だちと共有しながら遊ぶ。<br>◎ごっこ遊びの中で友だちとイメージを伝え合いながら必要な物を作り，遊ぶ。<br>◎自然物を使って作ったり，気になったことを調べたりする。 |
|---|---|---|---|

| 予定 | ○日（月） | ○日（火） | ○日（水） | ○日（木） | ○日（金） |
|---|---|---|---|---|---|
| | | 公開保育 | 英語を使った遊び | 避難訓練 | 園外保育<br>交通安全指導 |
| 反省・評価 | | | | | |

**図2－2　ゆり組の週案例**

注）図中の用字・用語は本書に合わせ，統一した。

| 園長 | 副園長 | 担任 |
|---|---|---|
|  |  |  |

### ★環境の構成　　　　○予想される活動　　　　●保育者の援助

（室内遊び）

★やりたい遊びができるように、遊ぶ姿に合わせて場所を作ったり十分な時間を確保していったりする。

★ごっこ遊びで作った物をコーナーとして設定していき、続けて遊ぶことができるようにする。

★自然物（ドングリ・千日紅・松ぼっくり等）と合わせてボンドや毛糸、ビーズ等も出していき、作って遊ぶことが楽しめるようにしていく。

（室内配置図）

廊下
ダンボール
棚　出入口　製作棚　出入口
製作用棚　← ・テープ ・タフロープ ・紙テープ ・マジックペン等
ロッカー
黒板　折り紙　廃材　← ・空き箱 ・カップ ・芯材等
製作机　自然物　← ・ドングリ ・千日紅 ・松ぼっくり
・トランプ ・UNO ・ジェンガ ・ハリガリ等
楽器
棚　ピアノ　絵本　パン屋さん　宝箱
砂場　自然物遊び　ドッジボール くつ取りオニ 等集団遊び
スケーター
ブランコ　総合遊具

（戸外遊び）

★遊びに合わせて必要な線をかいたり、場所を作ったりしていき、友だちとルールのある遊びを楽しむことができるようにする。

★戸外でも自然物コーナーをつくり、砂場で遊んだり製作遊びをしたりできるようにする。

★ドッジボールの相談で出てきたことを、ボードに書いていき、見やすい場所に置いていく。

◎遊びの中で気付いたことや、"よいかもしれない!"と思ったことを、友だちと共有しながら遊ぶ。

○友だちと誘い合ってルールのある遊びを楽しむ。

○ドッジボールでうまく投げられたりキャッチできたりしたことを喜ぶ。

○何に気を付けたらいいか、自分なりの思いを伝える。

●一緒に遊ぶ中で「走るの速いね!」や「今のよい投げ方だね!」等と認めていき、楽しい雰囲気づくりをしていく。

●子どもたちの思いや作戦等を伝え合う姿を見守っていきながら、必要に応じて言葉を補ったり話をまとめたりしていき、理解しながら話を進めていけるようにする。

◎ごっこ遊びの中で友だちとイメージを伝え合いながら必要な物を作り、遊ぶ。

○一緒に遊ぶ友だちに「○○があったらよいんじゃない?」等とイメージやアイデアを伝える。

○「この段ボール使う?」「この箱もよさそう!」等、素材を選びながら作ったり、それで遊んだりする。

●子どもたち同士でイメージを伝え合って遊ぶ様子を大切にしながら、一緒に素材を探したり必要なところで手助けをしたりする。

●納得のいくものができた喜びを共感したり、振り返り等で友だちに伝える機会を設けたりしていき、遊びが広がっていくようにする。

◎自然物を使って作ったり、気になったことを調べたりする。

○戸外で草花や木の実等を集めたり、虫を探したりする。

○自然物を使ってケーキやドングリめいろ等を作る。

○遠足の際に様々な自然物を見つけ、拾うことを楽しむ。

●自然物に触れて遊ぶ中で、子どもたちが気付いたことに共感したり、不思議に思ったことを一緒に調べたりしていく。

●自然物を使って作ったものに対して「素敵なものができたね!」「どうやって作ったの?」等と話を広げたり、周りの友だちに伝えたりしていき、さらに遊びが楽しくなっていくようにする。

## コラム　　子どもの発言は保育の違い？　国民性の違い？

　私が初めて韓国の保育施設「オリニジップ」を訪問したのは，幼稚園と保育施設の統合カリキュラム（ヌリ課程）が導入された翌年の2013（平成25）年2月。訪問の目的は，保育に伝統打楽器を取り入れ，韓国の伝統音楽である“国楽”の演奏者から定期的な指導を受けている子どもたちと，簡単に音の出るモノ（音具）を使って表現を楽しむことでした。

　この実践で使う音具はポリプロピレン製のゴミ箱です。抱えて素手で叩くと，とても温かみのある太鼓に似た音が出ます。私は日本国内の幼稚園等でよく同じ実践をして，子どもたちが楽しく音楽する姿をいつも見ていましたから，韓国の子どもたちとの実践もとても楽しみにしていました。音具は韓国で調達することにしましたが，なかなか子どもサイズの小ぶりなゴミ箱が見つからず少し大きめになってしまいました。いくつも抱えて子どもたちの待つ保育室に行くと，ここは日本の子どもたちと同じ。キラキラとした目で迎えてくれました。一夜漬けで覚えた韓国語で簡単に自己紹介を済ませ，早速実践開始です。日本で行うように，音具を抱えてリズミカルに叩いて見せました。日本の子どもは，それを見るともう誰もゴミ箱だとは言いません。では，韓国の子どもはどうでしょう。「この太鼓いい音するでしょう」と言うと，一人の男児が「アニョ！　スレギットン！」と叫びました。園長先生が通訳をしてくださいました。「スレギはゴミです。スレギットンはゴミ箱です。彼はゴミ箱だと言っています」と。

　日本の子どもたちも，心の中ではゴミ箱だと思っているはずですが年長児くらいになると口には出しません。しかし，韓国の子どもは，はっきりと自分の思ったことを口にします。園長先生が申し訳なさそうに，「彼はわんぱく坊主です」と仰られましたが，この男児の発言はほんの一例ですが日本の子どもとの大きな違いだと感じました。

　韓国では，「選択」と「自己決定」をする時間が確保されています。登園後，1時間程度好きに遊んだ後，全員が揃うと出席を取りながら保育者が一人ずつに尋ねます。「今日は何をすると考えてきましたか？」すると，子どもは「昨日の続きの絵を描きます」や，「英語遊びをします」と答えて，自分の名札をそれぞれのコーナーのボードに貼り付けて活動するのです。「自由選択活動」です。コーナーは定員が決まっていますので，定員以上は遊べません。子どもは自分が決めたその日の活動にじっくりと取り組みます。こうした，自己決定を皆の前で発表し，行動することを繰り返すことが，自分の気持ちや考えをはっきりと言い表すことに繋がっているのかもしれません。

**写真２－２　ゴミ箱を太鼓に**

# 第3章 児童期の教育を考える

本章では，児童期すなわち小学校以上における教育，なかでも授業，学習指導を中心に「質の高い教育」について考える。また，近年その重要性がますます指摘される幼児教育と小学校との接続あるいは連携（幼小連携）のあり方についても考えてみたい。

## 1 質の高い児童期の教育とその実践例

### （1）「質の高い教育」とは何か

皆さんは「質の高い教育」といえば，どのようなものを思い浮かべるだろうか。教師の仕事は多岐にわたるわけであるが，授業の良し悪しで質を判断する人もいるだろうし，生徒指導の良し悪しで質を判断する人もいるだろう。あるいは部活動の指導の良し悪しで質を判断する人もいるかもしれない。さらにはどれか1つに秀でているのではなく，それらがバランスよく行われることを「質の高い」と判断する人もいるだろう。つまり，「質の高い教育」とは一概にはいえず，多岐にわたる判断基準が存在するのだが，本章では中でも授業・学習指導に着目して，「質の高い教育」について考えていく。

佐藤によれば，教師の仕事は「専門家（professional）」としての世界と「職人（craftsman）」の世界とで構成されているという[1]。前者は授業をどうデザインするのか，教材のどこをどう取り上げるのか，子どもの発言の何をどう意味付けるのか等，教職や教科に関する洗練された知識と理論を必要とするものである。一方，後者は，教室における身の振舞い方等，「名人芸」とさえいわれる，洗練された授業実践の「技」や実践経験による「知恵」を必要とするものである。いうまでもなく，教師は「専門家」としての成長，「職人」としての成長の両方を求められるのである。

1） 佐藤 学『教師花伝書』小学館，2009，p.14.

それでは，「専門家」「職人」としての成長をかなえる上で必要な条件とはどのようなものだろうか。この佐藤の2つの枠組みによって，質の高い授業・学習指導を行う上での条件をみてみたい。佐藤によれば，「専門家」としての教師には求められる教養と知識があるという。すなわち，人間と社会に関する幅広い一般教養，教科の基礎をなす学問教養，授業実践の方法を支える教職教養（教育学）の3つの教養，及び教育の場で起こる複雑で微妙な事柄について識別し，子どもとのコミュニケーションを通して柔軟に対応していく，活きて働く知識としての「実践的知識」である[2]。また「職人」としての教師には「職人気質」と呼ばれる3つの規範が備わっているという。すなわち，子ども一人一人の尊厳を大切にすること，教材の可能性と発展性を大切にすること，教師としての自らの哲学を大切にすること，の3つである[3]。

このように質の高い授業・学習指導を行うには，「専門家」「職人」としての成長に必要とされる教養，知識，規範を備えていることが条件となる。

## （2）小学校における質の高い授業・学習指導

前項では，教師が質の高い授業・学習指導を行う上での教師の条件について整理した。それでは一般的に質の高い授業・学習指導が成立する条件とはどのようなものだろうか。民間教育運動や教授学研究に大きな影響を与え，日本における教育実践家の「名人」や「泰斗」として取り上げられることが少なくない斎藤喜博は授業が成立するための条件として9つの項目をあげている。すなわち，① 教材の本質，教師の願い，子どもの思考の間に緊張関係があること，② 質の高いものをわかりやすく教えること，③ 相手との対応（相互作用）があること，④ 展開があること，⑤ 展開に角度（方向性，目標）があること，⑥ みえるということ（教師に洞察力があること），⑦ 指導方法が的確であること，⑧ 最高の内容を最高の形式に盛ること（落とし込むこと），⑨ （子どもの）集中のある授業の9点である[*1]。これらの条件は，一般的に質の高い授業・学習指導に必要な要素としてとらえることができるだろう。一方で，実際の現場の教師は質の高い授業・学習指導についてどのようにとらえているのであろうか。日本の学校教育は長く「平等主義的」であり，教師には，どの子どもにもある程度の基礎学力を丁寧に身に付けるように配慮して，落ちこぼれをなくしていこうという強い姿勢があるという[4]。次に紹介する教師への指導観について尋ねるアンケート調査はこの傾向が現在も続いていることを証明している。そこでは「不得意な教科や領域の学力を付けさせること」か「得意な教科や領域の学力を伸ばすこと」のどちらを重視するかを尋ねたところ，小学校で7割，中学校で6割，高校で4割の教師が「不得意な教科や領域の学力を付けさ

2） 1）と同じ，pp. 70-81.

3） 1）と同じ，pp. 55-57.

＊1 斎藤は「ゆさぶり」と呼ばれる，授業における子どもの発言や表現を意図的に否定したり，反駁したりする，すなわち否定を「演出」することを通して，子どもの固定化した思考や解釈を解きほぐす授業方法等でも著名である。この「ゆさぶり」を行うことで，新しいものを子ども一人一人や学級全体の中から生み出すこと，すなわち「子どもを変革させる」きっかけを作り出しているのである。
斎藤喜博『教育学のすすめ』筑摩書房，1969，pp.83-244.

4） 汐見稔幸他編『教育原理』ミネルヴァ書房，2011，p.36.

せること」を重視していることが明らかになっている。学校段階によってやや差がみられるが，小・中学校教師に着目すれば，やはり「落ちこぼれ」や「格差」を生み出さないいわゆる「学力保障」の指導を重視していることがわかる[5]。

　このように，「どの子もわかる」，「置いてきぼりにしない」学習指導というのは皆さんにも魅力的に映るのではないだろうか？　そこで，再び教育実践の「名人」に学びたい。ここで取り上げるのは「どの子も伸びる〜」と枕詞が付く著作で著名な岸本裕史の実践である。以下，『時代を拓いた教師たち』の中の二宮の著作によりながら整理したい[6]。岸本は「読み・書き・算」を「学力の基礎」ととらえて重視し，その徹底的な反復，錬磨を主張した。岸本において，それらの「学力の基礎」はいわゆる「基礎学力」とは異なり，人類発展のための必須条件とされる「思考力の発達」につながる。なお，その「大きな」教育的意義を発見するまでには，ある実践的契機があった。それは家庭の事情もあり，「落ちこぼれ」状態にあったある小学3年生の子ども「ふくちゃん」との出会いであった。岸本には，「読み・書き・算」を徹底することで「落ちこぼれ」をつくらず，全ての子どもたちに確かな学力を身に付けさせなければいけないという，教師としての切実で実直な願いがあった。「ふくちゃん」との出会いを契機に岸本は，「アホな子はいません。アホな子はただつくられているだけです[7]」という確信のもと，学習環境により学力が十分でない子どもを中心に据えながら，十分である子どもと共にその学力や能力の発達を達成できる「学習統一戦線の創造」を目指したのである。

　こうして家庭の協力も得ながら，「学習統一戦線」のもと，徹底的な反復により「学力の基礎」を養うことで，「読み・書き・算の力」「集中力」「自信や意欲」という3つの力を身に付けることができ，「どの子も伸びる」ことができるのである。なお岸本は，単純にあるいは機械的に「できる」ようになることではなく，「わかる」ことと「できる」ことが一体になること，すなわち「わかる」ことの道筋の中に「できる」ことがあることの重要性を強調していることにも注意したい。

　本節では，質の高い授業・学習指導についてみてきた。斎藤のようにそれが成立する条件を「リスト」化し，一般化することも必要な考え方であるが，一方でアンケート調査等から明らかになったように，時代や環境の文脈に合わせた質の高い授業・学習指導を改めて考えていくことも重要であろう。

5）　ベネッセ教育総合研究所「第6回学習指導基本調査 DATA BOOK（小学校・中学校版）2016年」2017.

6）　田中耕治編著『時代を拓いた教師たち』日本標準，2005，pp.141 − 153.

7）　岸本裕史『どの子も伸びる（第1巻）』部落問題研究所，1976，pp.64 − 66.

# 2 幼児教育と小学校教育の接続

## （1）幼児教育と小学校教育の接続が求められる背景

　本節では，幼児教育（以下では幼稚園教育を中心に論ずる）と小学校教育の接続あるいは連携のあり方について考えていくが，一般的には両者の間の「違い」またはそれぞれの「独自性」が強調されることの方が多い。よくいわれるが，小学校以上では「教科」を通した指導が原則とされるのに対し，幼児教育においては「遊び」（あるいは「領域*2」）を通した指導が原則とされる。また，それらの指導の特性を反映し，指導が行われる環境について，小学校以上では子どもがそれぞれの机・椅子に着席して指導を受けることが原則であるのに対し，幼児教育では机は数人で共用する（集合）机であったり，指導が行われる場所は園庭や保育室（教室）といったように流動的であったりする。このように，違いをあげればきりがない。それらの「違い」は，幼児教育の独自性すなわち「幼児教育の基本」として，特に幼児教育の側から強調されることもある*3。

　このように幼児教育と小学校教育，両者の間の違いやそれぞれの独自性が強調される一方で，それらを超えて，接続や連携が喫緊（きっきん）の課題として求められる事情が生まれた。それが，1990年代後半の「学級崩壊」やその背景としての「小1プロブレム」と呼ばれる「教育問題」への注目である。周知のように「学級崩壊」とは，授業中，私語が絶えなかったり，子どもが立ち歩いたりすることにより，授業が成立していない状態のことをいう。また，「小1プロブレム」とは，先述したような幼児教育と小学校教育の間の「違い」が存在する中で，小学校に入学した子どもがそれらの違いに十分に適応できないことによって起きる問題のことをいう。こうして，幼児教育と小学校教育との間で，教育内容や子どもの実態に関する情報交換や教育内容の連携すなわち「幼小連携」が求められるようになったのである。また，幼稚園教育要領においては，幼児期に「育みたい資質・能力」や「幼児期の終わりまでに育ってほしい姿」があげられているが，それらは小学校以上の学習指導要領が育成を目指す，「生きる力*4」や「資質・能力*5」の「基礎」に位置付けられるものである。このように，近年，社会的，教育的課題を受けて，幼小の接続が求められるようになっている。

　なお，上記のような社会的，時代的要因からの幼児教育と小学校教育の滑らかな接続への要求があると同時に，子どもの発達の特性という観点からも両者の接続が求められてきた。すなわち，乳幼児の発達論の知見によれば，学びの

*2　幼稚園教育要領の教育内容は小学校以上の教科等とは異なり，「健康」「人間関係」「環境」「言葉」「表現」の5つの領域で構成されている。

*3　幼稚園教育要領においては，「遊びを通した保育」「環境を通した保育」等が「幼児教育の基本」として強調されている。
　文部科学省『幼稚園教育要領』（第1章 第1）2017.

*4　中央教育審議会「21世紀を展望した我が国の教育の在り方について（第1次答申）」（1996年）にて初めて示された概念であり，「変化の激しい，先行き不透明な，厳しい時代」において求められる「資質や能力」として，提唱された。2008（平成20）年に改訂された学習指導要領以降は，「生きる力」は端的に「確かな学力」「豊かな人間性」「健康・体力」の3つの要素から説明されている。

特質，「養護（＝ケア）」の必要性等の観点からみて，7，8歳頃が発達段階の転換期にあたるとされている[8]。一般的には小学校入学を一つの区切りとすることも多いが，それはあくまで制度上の区切りに過ぎないのである。8歳頃，すなわち小学校低学年までは，少なからずこの「養護」という側面に，より重きが置かれるが，転換期を過ぎると，「教育」という側面に重きが置かれるようになる[*6]。必要とされる「教育」と「養護」の割合や内容は発達段階によって変化し，徐々に「養護」よりも「教育」の割合が増えていくといえる[8]。このように発達論の知見からも幼小の滑らかな接続が求められてきたのである。

## （2）質の高い幼小接続の実践

前述のように，幼小の接続，連携が求められている（きた）のであるが，小学校教育において，既にその円滑な接続を一つの意図とする教科が存在する。「スタートカリキュラム」としての性質をもった生活科である。生活科の小学校学習指導要領の項目には配慮事項として「特に，小学校入学当初においては，幼児期における遊びを通した総合的な学びから他教科等における学習に円滑に移行し，主体的に自己を発揮しながら，より自覚的な学びに向かうことが可能となるようにすること[9]」と説明されている。このような生活科の意図は科目が設定されて以来，繰り返し強調されてきた。

1989（平成元）年小学校学習指導要領にて設定された生活科は，小学校低学年時のみに存在する教科であり，社会科と理科を「総合化」したものである。すなわち，この生活科誕生の背景には，低学年の子どもの「思考と活動が未分化」にあるという発達特性への注目がある。この特性に合わせて，低学年時は，いわゆる系統的な知識の学習，座学による「思考」中心の学習という形態ではなく，体験活動や「遊び」による「活動」を中心とした学習形態により，「思考」と「活動」を「総合化」することが適当だと考えられた。こうして社会科を通して社会的認識，理科を通して科学的認識を学ぶのではなく，「生活科」という活動，体験，「遊び」を通して，それらの認識を養うことを目指したのである。

前述のように，円滑な幼小接続のための「スタートカリキュラム」としての性質をもった生活科であるが，それでは具体的にどのような内容，実践が考えられるだろうか。まず入学後の4月の時期に小学校における生活に適応することを目的として，いわゆる「学校探検」の活動等が考えられる。「探検」を通して，また「探検」後の振り返りを通して，各種施設に配置された物やそこで働く人々について認識することはもちろん，学校の空間的把握，各種施設におけるルールの把握等も学んでいく。このとき，単純な適応指導ではなく，「幼

＊5　2017（平成29）年に改訂された学習指導要領においては，各教科，時間等で，それぞれが育成すべき「資質・能力」が明確に規定されていることが特徴的である。なお，それらの「資質・能力」は「知識・技能」「思考力・判断力・表現力等」「学びに向かう力・人間性等」という3つの観点から整理されている。

8）　白川蓉子他『育ちあう乳幼児教育　第2版』有斐閣，2010，pp.227-228.

＊6　周知のように，乳幼児期の子どもが通う施設として保育所があるが，保育所の保育内容の基準である「保育所保育指針」においては，「保育」は「教育」と「養護」から構成されるとある。なお，そこでは「養護」とは子どもの「生命の保持及び情緒の安定」と定義されている。

厚生労働省『保育所保育指針』（第1章1），2017.

9）　文部科学省『小学校学習指導要領』（第2章　第5節）2017.

児期の終わりまでに育ってほしい姿」との連続性を意識した「スタートカリキュラム」としてとらえることが重要である。すなわち，文部科学省「幼児期の教育と小学校教育の円滑な接続の在り方に関する調査研究協力者会議」が2010（平成22）年に作成した報告書「幼児期の教育と小学校教育の円滑な接続の在り方について」で述べているように，幼児期から児童期にかけては「3つの自立」（学びの自立，生活上の自立，精神的な自立）を養うことが上述の「確かな学力」の基礎となるのである[10]。なお，他にも上級学年の児童との交流を通して，学校生活について教えてもらう交流会等も考えられるだろう。

10) 幼児期の教育と小学校教育の円滑な接続の在り方に関する調査研究協力者会議「幼児期の教育と小学校教育の円滑な接続の在り方について（報告）」2010, pp.15−17.

# 3 アクティブ・ラーニングの真価

さて，本章の最後に紹介したいのは，幼稚園教育要領，学習指導要領を通して，世間的に大きな話題を呼んだ「アクティブ・ラーニング」という学習や活動の方法である。こちらも幼稚園から高校まで（あるいは大学等の高等教育まで）を貫く一本の「軸」である。なお，その内容の検討過程から「アクティブ・ラーニング」というワードは大きな話題を呼び，賛否両論を含む闊達な議論が交わされたこともあってか，「誤解」（＝深まりを欠いた表面的な活動としての理解，実践）を招かないようにと，実は，そのワードは幼稚園教育要領，学習指導要領の中では一度も使用されていない。それは「主体的・対話的で深い学び」と表現されているのである。

このように「誤解」も含めて，多様な印象を抱かせるアクティブ・ラーニングだが，文部科学省はそのワードをいかに説明している（いた）のだろうか？ 文部科学大臣の諮問機関である中央教育審議会によれば「主体的に学ぶことの意味と自分の人生や社会の在り方を結びつけたり，多様な人との対話で考えを広げたり，各教科等で身に付けた資質・能力を様々な課題の解決に生かすよう学びを深めたりすること[11]」とされる。

11) 文部科学省中央教育審議会「次期学習指導要領等に向けたこれまでの審議のまとめ」2016, p.23.

これでは抽象的でわかりにくいので渡部の著作によると「プレゼンテーションやディスカッションのようなさまざまなアクティビティ（学習技法）を介して，学習者が能動的に学びに取り組んでいくこと[12]」とされる。第2節でも触れた生活科そして総合学習等において，比較的採り入れられてきた学習方法といえるだろう。

12) 渡部 淳『アクティブ・ラーニングとは何か』岩波書店，2020, p.i.

なお，「アクティブ・ラーニング」は，前述のように様々な解釈を伴いつつも，急速に世間や学校現場に浸透していったように，それは少なからず「望ましい学習技法」として受け入れられていることが窺（うかが）える。しかし，「質の高い教育」の実践の視点で考えた時に，いくつか疑問が残る。1つ目は，「アクテ

ィブに活動しただけ」に終わらないかという疑問である。実は生活科が設定された当時も寄せられた批判であるが，方法が目的化してしまう危険性があると考える。文部科学省が危惧しているように「深まりを欠いた表面的な活動」に堕してしまう危険性があるのである。2つ目は，「アクティブ」という状態は外に表れるものだけを指すわけではないため，どのような基準によって質の高さを測ることができるか，という疑問が残る。これも生活科が設定された当時，「新学力観」すなわち「関心・意欲・態度」を重視する学力に対する評価をめぐって，同様の疑問が寄せられている。3つ目は，アクティブ・ラーニングという新しい学習技法をめぐって，教師の負担を増やすことになり，結果的に内容の画一化，形骸化を起こさないかという疑問である。生活科や総合学習が新しく導入された際には，学校現場に大きな混乱をもたらし，結果的に混乱に耐え切れず，教育内容の画一化，形骸化をもたらしたという経緯がある。アクティブ・ラーニングの真価について考えるときに，生活科や総合学習の歴史に学ぶことは多いといえないだろうか。

## ● 演習課題

**課題1**：本章で説明したもの以外に，教師の仕事にはどのようなものがあるか調べてみよう。

**課題2**：それらの仕事の中で自分が一番魅力に感じる仕事について考えてみよう。

**課題3**：以上を踏まえて「質の高い教育」とは何かについて話し合ってみよう。

### ● 参考文献

大橋隆広「1990年代における生活科の変容」教育学研究紀要，53（1），2007，pp.276－281.

国立教育政策研究所『スタートカリキュラム　スタートブック』2015.

小針　誠『アクティブラーニング　学校教育の理想と現実』講談社，2018.

## コラム　　小学校（クラブ活動）と中学校（部活動）の違い

　幼稚園と小学校との間だけではなく，小学校と中学校の教育の間にも「違い」は存在する。例えば，小学校は基本的に学級担任の教師があらゆる指導を一手に引き受ける「学級担任制」であるのに対して，中学校では教科ごとに教師が異なる「教科担任制」である。また小学校では正規の教育課程の一環，すなわち「特別活動」の一環として「クラブ活動」が行われるのに対し，中学校では正規の時間割とは別に，すなわち課外活動として「部活動」が行われる（こともある）。

　これらの違いは子どもの発達段階の違いによるところが多いといえる。ご存じのように，中学生は「思春期」あるいは「第二次反抗期」にあたり，保護者や教師と時に葛藤しながら，自らの価値観やアイデンティティを形づくり，精神的に自立していく時期である。すなわち，小学校における「学級担任制」のような全般的，全人格的な教師との関わり方から，中学校における「教科担任制」のような部分的，自立的な教師との関わり方に変化していく。小学校の「クラブ活動」のような教育課程の一環としての活動とは異なり，中学校の「部活動」では「自主練」という言葉があるように，まさに自主的な活動を含むことも前提とされている。

　これらの自立性，自主性を反映してか，中学校における学校の思い出を尋ねると，部活動をあげる人が多い。やはり，自ら意欲的に取り組んだものは印象に残るのである。しかし近年，部活動は上述したように，それが正規の教育課程には位置付けられていないことから，保護者や社会そして指導の担い手である教師からさえも疑問が投げ掛けられることがある。

　保護者や社会からは，「自主的」といいながらも半ば強制的に活動日が設けられること，時に部活動が行き過ぎた指導の場面になってしまうことがあること等が問題視される。一方，教師からは労働時間が長時間化すること，正規の休日も大会の引率等のために出勤日となることがあること等，主に労働環境の観点から問題視されることが多い。なお，これらの指摘を受けて，近年，対策が打たれるようになった。前者については，文部科学省が，部活動の教育的意義も認めながらも，スポーツ庁や文化庁が提言する「ガイドライン」に学びながら，部活動の指導にあたって，1日の活動時間の制限，休養日の設定を行うこと等を現場に求めている。後者については，2017（平成29）年度より，自治体ごとに，部活動の技術指導や大会への引率等を行うことを職務とする「部活動指導員」を配置することを可能にする学校教育法施行規則の制度改正が行われた。

　以上のような小学校（クラブ活動）と中学校（部活動）の「違い」は発達段階の違いによるところもあるが，これまでの学校の「慣習」の上に成立しているものも少なくない。今一度，教師の仕事のあり方を含めて，よりよい教育について冷静に見極めることを必要としている。

# 第4章 教育の思想と歴史を探る

本章では，現在の教育の営みが，過去の思想や制度の上に成り立っていることに鑑みて，これまでの教育思想家が主張した考え方や，教育制度，教育方法等について考える。現在まで脈々と生き続ける過去の人物が築いた教育思想，現在ある教育システムの起源は，今，目の前に横たわる教育課題と決して無関係ではない。教育者・保育者（幼稚園教諭・保育士・保育教諭をいう）として，例えばどのように子どもの育ちをとらえるのか，どのような方法で子どもに向き合えばよいのか等の迷いに直面したとき，それらを解決するヒントになるはずである。

## 1 日本における教育の思想と歴史

### （1）古代・中世

この時代の教育の受け手は，主として貴族や武士等の支配者層であった。とりわけ古代において，文字は，庶民生活に縁遠いものであった。中世にいたり庶民の間にも文字学習への関心や要求が次第に高まっていった[1]。

701（大宝元）年に大宝律令が定められ，律令国家[*1]の形成とともに，組織的な教育機関が必要になってきた[2]。中央集権国家[*2]を運営するにあたり，戸籍の管理，租税の徴収等の行政システムが機能するためには，文書処理能力を身に付けた官人が必要不可欠となった。このような背景のもと，中央の官人養成機関として大学寮等が置かれた。また，地方の官人養成機関として国学[*3]が設置された。大学寮や国学への入学は，身分や年齢によって制限されていた。なお，大学寮にはその構外に別曹が置かれた。別曹とは，有力氏族が建てた寄宿舎が大学寮付属の教育機関として認定されたものであり，8世紀末に和気氏の弘文院，871（貞観13）年頃に藤原氏の勧学院，964（康保元）年に橘氏の学館

1）佐藤 環監修，田中卓也編著『日本の教育史を学ぶ』東信堂，2019，p.16.

*1 律令国家
律令，すなわち刑罰や行政についてのきまりを基礎にした国家。

2）三好信浩編『教職科学講座 第2巻 日本教育史』福村出版，1993，pp.21-26.

*2 中央集権国家
権力や責任を中央政府に集中させた国家。

*3 国学
古代日本で諸国に設けられた学校。

3）国史大辞典編集委員会編『国史大辞典第七巻』吉川弘文館，1986，p.463.

4）3）と同じ，p.337.

5）国史大辞典編集委員会編『国史大辞典第二巻』吉川弘文館，1986，p.207.

6）2）と同じ，pp.33-34.

院，881（元慶5）年に在原氏の奨学院が設立された〔大学付属機関として認定されたのは900（昌泰3）年〕[3]。

以上は，貴族社会の教育機関であるが，民衆教育も仏教を中心として展開された。空海が828（天長5）年頃に建てた綜芸種智院では，東アジアの諸学問や思想を，僧侶や俗人を問わず学ばせることを意図しており，一般民衆の子どもの入学を想定していた[4]。また，8世紀末に石上宅嗣が設けた芸亭があげられよう。宅嗣がその旧宅を阿閦寺とし，その一隅に書庫を設け公開したとされている[5]。

中世に至り，貴族社会に代わって武家社会が到来した。武士の教育は，主として武芸の鍛錬や基礎的な文字教育であった。元来，無学・無筆であったといわれる武士であるが，戦乱の世の中で「家」を存続させるため，文字による家訓を示す必要性があった。家訓を通して，主従関係を強固にするための規範等を次の世代へ伝えた。鎌倉時代の武家家訓としては，北条重時の「極楽寺殿御消息」や「六波羅殿御家訓」があり，武士としての心構え等が記されている。室町時代以降も，家訓や家法が制定され，例えば北条早雲の「早雲寺殿廿一箇条」，武田信玄の「甲州法度之次第」等が示された。これらの家訓の中には，後に述べる寺子屋の手本として使用されたものもある。

そのほか，中世の文教施設として，武蔵国金沢（現在の横浜市金沢区）に設けられた金沢文庫がある。設立者や設立年は定かではないが，北条実時が1234（文暦元）年に開いた学山に端を発し，仏典や漢籍，国書等12,000冊余といわれる古書が現存するが，鎌倉幕府の崩壊とともに衰退していった。また，1439（永享11）年，上杉憲実によって再興されたとされる下野国足利（現在の栃木県足利市）の足利学校も豊富な図書を備え，戦国時代に最盛期を迎えた[6]。

## （2）近　世

身分によって教育目的や教育内容が異なった江戸時代においては，多様な教育施設・教育機関が存在した。

江戸時代の諸藩は，家中の武士を教育するため，主として城下町に藩校を設けた。1871（明治4）年までに276藩のほとんどに設けられた。藩校の教育内容は様々であったが，一般的に儒学[*4]を中心に教授し，また，剣術，柔術，槍術等，武道の稽古を行った。儒学以外に医学や数学を教授した藩校も存在した[7]。

また，江戸時代になると，貨幣経済の発達，商品の流通等がさかんになり，武士だけでなく，農工商にも読・書・算（3R's[*5]）という基礎学力が必要になってきた。例えば，町人には帳簿をつける際の計算能力，商品取引に必要

*4　儒学
孔子が唱えた倫理や政治規範，それに関する書籍を研究する学問。

7）2）と同じ，p.57.

な文書処理能力が求められた。また，農民にも，生産した商品的作物を市場で取引を行う能力が求められた。こうした背景のもと，近世から近代始めにかけて，庶民の中の有識者，あるいは武家，僧侶，神官，医家等が寺子屋（手習所）を開き，庶民の子どもを対象に3R's の初歩的な教育を担った。藩校のような組織的な教育とは異なり，寺子屋の教育は，一般的に，一人の師匠が自宅等を用いて個別指導で行われた。したがって，時代による盛衰もあり，実態・実数等を把握することは難しいが，全国で15,000余りが運営されていたともいわれる[8]。

　江戸時代から明治維新にかけての民間の教育施設で，寺子屋よりも高度な教育を行ったものを私塾と呼ぶ[9]。私塾は，① 政治，経済，文化等，各分野の指導者たる儒者などを育成したもの，② 儒学に対抗する医学等の洋学塾，③ 国学塾の，大きく3つに分けることができよう。

＊5　3R's
　英語のreading, writing, arithmeticの3つの頭文字をとって，スリーアールズ（3R's）という。

8）国史大辞典編集委員会編『国史大辞典第九巻』吉川弘文館, 1991, p.918.

9）2）と同じ, p.58.

# （3）近　代

　明治新政府の成立とともに，江戸時代にはなかった統一的な教育制度の樹立が構想されはじめた。1872（明治5）年，「学事奨励に関する被仰出書」（以下，「被仰出書」とする）が布告された。前述したように，江戸時代においては，身分や性別によって学ぶ内容が異なり，また，学ぶ場も異なっていた。しかし，「被仰出書」では，「学問は身を立るの財本」であるとして，立身出世のためには学問を修めることが必要不可欠であるとの考えを明示した。そして，文部省（当時）において「学制」を定め，教育制度を整える意向を示し，国民皆学の理想を打ち立てたのである。「被仰出書」についで頒布された「学制」では，統一的な学校体系の樹立が計画された。「大学」「中学」「小学」を基本とした単線型学校体系＊6をとり，地方教育行政の単位として学区を設けた。全国に8つの大学区を設け各大学区に1つの大学校を置くことにした。そして，1つの大学区の中に32の中学区を設け，同じく各中学区に中学校を1つ置くことにした。中学校は全国で256校となる。さらに，1つの中学区の中に210の小学区を設けることとした。小学校は全国で53,760校が設けられることになる。

　しかし，この「学制」は，当時の国民生活に馴染むものではなかった。例えば，「学制」の定める小学校の数は実現できるものではなく，教育内容も民衆生活からかけ離れたものであった。様々な弊害が生じ，学制改革が余儀なくされ，1879（明治12）年に「教育令」（いわゆる自由教育令）が出された。教育令では，学齢期である6歳から14歳のうち少なくとも16か月は普通教育を受けること，また，学齢児童を就学させることは，父母や後見人等の「責任」であるとした。また，学校に入学せずとも「別ニ普通教育ヲ受クルノ途」があれば，そ

＊6　単線型学校体系
　初等教育から高等教育まで全員が同じ種類の学校に進学する学校体系。

れも就学したことと見做すとした。しかし，この「教育令」は，そのあまりにも高い自由度ゆえに，翌1880（明治13）年には改正された。

　1886（明治19）年，いわゆる学校令（小学校令，帝国大学令，師範学校令，中学校令）が公布された。小学校令第3条では，「児童六年ヨリ十四年ニ至ル八箇年ヲ以テ学齢トシ父母後見人等ハ其学齢児童ヲシテ普通教育ヲ得セシムルノ義務アルモノトス」と規定され，就学の「義務」が明記された。1890（明治23）年には，いわゆる第二次小学校令が公布され，修業年限を3年または4年と定めた。また，市町村に対して小学校の設置義務を課した。さらに，1900（明治33）年の，いわゆる第三次小学校令では，尋常小学校の修業年限を4年に統一し，さらに公立尋常小学校の無償化を実現した。なお，1899（明治32）年の「一般ノ教育ヲシテ宗教外ニ特立セシムルノ件」では，官公立学校における宗教上の教育や儀式を禁じ，宗教的中立性を明示した。ここに，我が国において，いわゆる公教育の三原則（義務制，中立性，無償制）が整ったとみることができよう。さらに，1907（明治40）年には，尋常小学校6年間が義務教育とされた。

　以上のように，明治期において義務教育制度が着々と整えられ教育が普及する一方で，義務教育費の増大により地方財政が困窮し，幼児教育や障害児教育の制度化等は遅れた。大正・昭和期の教育改革で，これらの課題が取り組まれるようになった。1917（大正6）年，寺内正毅内閣に直属する臨時教育会議が設置された。同会議の答申を受けて成立した，1918（大正7）年の市町村義務教育費国庫負担法では，小学校教員の待遇を改善するため国庫から1千万円を支出し，俸給表も改められた。戦前においては，小学校教員の俸給は原則として市町村が負担することになっており，一部を国が負担していた。しかし，市町村の財政力には大きな格差があり，教員俸給が重い財政負担となった。これを改善するため，1940（昭和15）年に義務教育費国庫負担法が制定され，市町村立尋常小学校教員の俸給は道府県が負担すること，国がその半分を負担することとなった[10]。一方，1924（大正13）年に設置された文政審議会の答申を受けて，1935（昭和10）年に青年学校令[*7]が公布された。さらに昭和期に入ると，1937（昭和12）年に教育審議会が設置され，国民学校令〔1941（昭和16）年〕による義務教育年限の延長，青年学校における男子中等教育の義務化，中等学校令〔1943（昭和18）年〕による中等教育の一元化，女子高等教育の充実等の方針が示された。戦時体制に応じた教育改革ではあったが，制度整備が着実に進められたのである。なお，1923（大正12）年には障害児教育に関して独立した勅令が「盲学校及聾唖学校令」として公布された。

　幼児教育・保育の歴史についても整理しておこう。「幼稚園」と名のつく日

10）岩井邦夫・庄司裕志・田中卓也編著『小学校教員基礎ゼミナール－小学校の先生になるために－』ふくろう出版，2012，pp.84-87.

＊7　青年学校令
　15条からなる教育に関する勅令。当時の実業補習学校と青年訓練所が統合され，青年学校が設置された。

本最初のものは，明治9（1876）年11月14日に設立，同16日に開園した，東京女子師範学校附属幼稚園である。その後，明治10年代から20年代には，ハウ（Annie Lion Howe, 1852-1943）により1888（明治21）年に設立された頌栄幼稚園等，キリスト教に基づく幼稚園も設立された。幼稚園とは目的や性質を異にした，託児所（保育所）も登場した。野口幽香と森島美根によって1900（明治33）年に設立された，貧困層の幼児を対象とした二葉幼稚園〔1915（大正4）年に二葉保育園と改称〕等である。

　制度の面では，先に述べた1872（明治5）年の「学制」により，就学前の子どものための「幼稚小学」が規定されていた。幼稚園のより明確な制度化は，1899（明治32）年の「幼稚園保育及設備規程」によって実現した。この規程で，「幼稚園ハ満三年ヨリ小学校ニ就学スルマテノ幼児ヲ保育スル所」（第一条）と，その役割が明確になった。また，「保育ノ時数（食事時間ヲ含ム）ハ一日五時以内」（第二条），「幼児保育ノ項目ハ遊嬉，唱歌，談話及手技」（第六条）と定められ，保育の時間や内容も明確にされた。現在の幼稚園教育の原型がみえるが，あくまで「家庭教育ヲ補ハンコトヲ要ス」（第五条）という性質は戦後まで改められなかった。また，幼稚園は，先に述べた小学校令の中に「幼稚園，盲唖学校其ノ他小学校ニ類スル各種学校ノ規程ニ関シテハ本令中別段ノ規定アルモノヲ除クノ外文部大臣之ヲ定ム」と，同令の一部に含まれていた。幼稚園令が公布されるのは，先に述べた文政審議会の答申後，1926（大正15）年のことである。それまで小学校令に依拠していた幼稚園であったが，制度上の明確な基盤をもつにいたった。

# 2　諸外国における教育の思想と歴史

## （1）古代ギリシアの教育

　古代ギリシアにおいて，アテナイ（現在のギリシアの首都アテネの古名）を中心に富豪宅をまわって修辞学[*8]や雄弁術を教授したのがソフィスト（「賢者」の意）である。雄弁術は，いかなる事柄についても説得力をもって民衆に語るための術である。真実か否かよりも，相手にいかに語り，説得するかを重視したのである。代表的なソフィストであるプロタゴラス（Prōtagoras, 前485頃〜前410頃）が遺した，「人は万物の尺度なり[11]」という言葉はその考えを象徴するものであろう。

　ソフィストと同時代に生きたソクラテス（Sōkratēs, 前470/469〜前399）は，古代ギリシアの最も偉大な教育者・哲学者であったと評される[12]。ソクラテスは，

\*8　**修辞学**
　聞き手を感動させる話をするための言葉や表現方法等を研究する学問。

11）皇 至道『西洋教育通史』玉川大学出版部，1988，p.17.

12）11）と同じ，p.20.

「なんじ自身を知れ」というデルフォイ神殿の碑銘を，自分自身の無知を知れという意味にとらえた。前に述べたソフィストとは対照的に，ソクラテスは，自らの問いに答えさせることによって，相手をアポリア（ゆきづまり）に陥れ，無知の知の境地に至らしめた。その対話技法が，「産婆術」とよばれるゆえんである。

ソクラテスの門人にプラトン（Platōn,前427〜前347）がいた。プラトンは国家の教育のあり方について，『国家論』で論じている。彼の考える国家には，3つの階級（支配者，守護者，生産者）と，4つの徳（正義，節制，知恵，勇気）が設けられている。支配者である哲人の徳は「知恵」であり，守護者である軍人の徳は「勇気」であるとした。それぞれの階級がその徳を実現することで「節制」が保たれ，「正義」の国家が実現されるというのである（生産者に求められる徳は特に言及していない）。こうした理想的な国家を建設するため，学塾アカデメイアを設立して，青年の教育にあたった。

プラトンのアカデメイアで学んだアリストテレス（Aristotelēs,前384〜前322）は，プラトンが没した紀元前347年までその指導を受けたが，成長するにつれ，プラトンの説に対して批判的な立場をとるようになった。プラトンによる教育は，弟子のアリストテレスを「小プラトン」に終わらせることなく，「大アリストテレス」に成長させたのである。「人間は政治的（ポリス的）動物である」という彼の言葉は，政治（ポリス）が人々の生活と不可分であるという主張ととらえられる。後に彼は，リュケイオンに学塾を開き後進の教育にあたった。リュケイオンは地名であり，また，アリストテレスが開いたこの学塾をも指す。

## （2）近世以降の教育思想の発展

### 1）コメニウス（Johann Amos Comenius, 1592〜1670）

コメニウス

コメニウスはコメンスキーとも呼ばれ，チェコの宗教改革者であり，教育思想家である。「近代教授学の父」ともいわれる。教授学の目的は，「教師は教えること少くして，生徒はそれによって学ぶことが却って多いような教授法[13]」等を探求し，発見することであるとしている。教授の方法や技術を提示すれば，教師の「疲労困憊[14]」「無駄な骨折り[14]」を解消できるというのである。「教授及び学習を容易にするための原理[15]」が存在し，それに則れば教育の目的が達成されるという考え方が，「教授学の父」といわれるゆえんであろう。

コメニウスの教育思想の特徴は，知識を習得するためにはまず，感覚が重要であることを強調した点にある。彼の著書『世界図絵』（1658年）では，感覚の中に存在しないものは，理性の中に存在することはないとして，「事物の区別を正しく把握するように，感覚をよく訓練すること[16]」が重要であると述べ

13) コメニウス，稲富栄次郎訳『世界教育宝典 大教授学』玉川大学出版部，1969，p.14.

14) 13) と同じ，p.35.

15) 13) と同じ，p.171.

16) コメニウス『世界図絵』平凡社ライブラリー，1995，p.12.

ている。こうした考え方が，子ども向けの「絵本」，あるいは挿絵入りの「教科書」とされる『世界図絵』として表現されたのである。

　コメニウスはまた，「すべての事を，すべての人々に教えるための普遍的な技術を論述した[17]」，『大教授学』（1657年）を著した。この中で，「すべての若者は，男女の別なくみな学校に送られねばならない[18]」「学校に於て授けられる教授は，一般的でなければならない[19]」と述べている。彼がいうところは，現在の我が国の義務教育制度のように，全ての子どもがなるべく広い範囲の知識を習得するべきであるとの主張であろう。国民全てが普通教育を受けるという，国民教育の意義をすでに見いだしていたのである。

　「すべての人々」が「すべての事」を学ぶためには，統一的な教育課程が必要である。彼は，「年齢と進歩との段階に基づく，学校の四分制[20]」を示した。幼児期から成人に至るまでの24年間を6年に区分し，それぞれの時期における学校段階，教育内容等を次のように考えた。まず，第1の段階は，幼児期に対する教育，いわば就学前教育である。幼児に対する学校は各家庭の「母の膝」「母の学校」であり，この時期は「外官[*9]を修練し，それによって教えられた周囲の事物を正しく処理し識別すること」に慣れさせる，すなわち感覚の訓練の時期であるとしている。第2の段階は，「幼年期」に対する教育，現在でいえば初等教育の段階である。この時期には基礎学校もしくは公立国語学校で，「それぞれの器官，手や言葉と共に，内官[*9]，想像力，記憶力を修練[21]」することを目的としている。この学校は「各部落または村」に設けられなければならないとしている。第3の段階は，「少年期」に対しての中等教育段階に相当するラテン学校またはギュムナジウム（中等教育機関）である。ここでは，「感官によって蒐集せられる見聞について，これを理解し」，判断する力を身に付ける。この学校は「各都市毎」に設けられるべきとしている。最後の大学では，「意志の領域に属している事柄」の陶冶（とうや）（資質等を調和的に育成すること）を目的としている。大学は「各王国または国毎」に設置されるべきとしている。

　コメニウスのこれらの思想は現代の教育制度で実現されているものが多い。

17)　13) と同じ，p.13.

18)　13) と同じ，p.92.

19)　13) と同じ，p.97.

20)　13) と同じ，p.339.

**＊9　外官**
目や耳等，外からの情報をとらえるための装置。
**　内官**
「快」・「不快」等，自分の内に生じた情報をとらえる装置。
　竹崎鼎輔「内官学としての哲学の存在理由」科学哲学，5巻，1972，p.65.

21)　13) と同じ，p.341.

## 2）ルソー（Jean-Jacques Rousseau, 1712〜1778）

　ルソーの教育思想における功績は，「子どもの発見」にあるといわれる。ルソーの教育思想は，この後に述べるペスタロッチーやフレーベル，さらには現代にいたるまでの教育思想に多大な影響を与えた。ここでは，「教育について」との副題が付された彼の書，『エミール』（1762年）にその教育思想を探ってみよう。

　ルソーは，教育について，「よく導かれるには子どもはただ一人の指導者に

ルソー

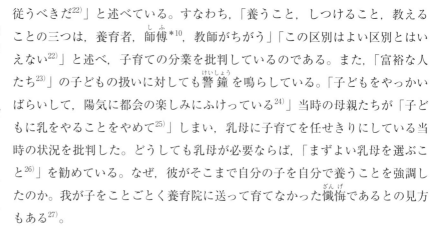

22)　ジャン＝ジャックルソー，今野一雄訳『エミール（上）』岩波書店，2002，p.32．

＊10　師傅

身分の高い人の子どもを養育し，教え導くおもり役のこと。

23)　22) と同じ，p.61．

24)　22) と同じ，p.36．

25)　22) と同じ，p.37．

26)　22) と同じ，p.60．

27)　11) と同じ，p.89．

28)　22) と同じ，p.23．

＊11　誤謬

間違いや誤りのこと。

29)　22) と同じ，p.132．

従うべきだ[22]」と述べている。すなわち，「養うこと，しつけること，教えることの三つは，養育者，師傅[＊10]，教師がちがう」「この区別はよい区別とはいえない[22]」と述べ，子育ての分業を批判しているのである。また，「富裕な人たち[23]」の子どもの扱いに対しても警鐘を鳴らしている。「子どもをやっかいばらいして，陽気に都会の楽しみにふけっている[24]」当時の母親たちが「子どもに乳をやることをやめて[25]」しまい，乳母に子育てを任せきりにしている当時の状況を批判した。どうしても乳母が必要ならば，「まずよい乳母を選ぶこと[26]」を勧めている。なぜ，彼がそこまで自分の子を自分で養うことを強調したのか。我が子をことごとく養育院に送って育てなかった懺悔であるとの見方もある[27]。

ルソーは，『エミール』第一編の冒頭で，「万物をつくる者の手をはなれるときすべてはよいものであるが，人間の手にうつるとすべてが悪くなる[28]」として子どもの善性を重視した。その生まれながらの自然性は，人間がつくった社会の制度や慣習等によって失われると考えた。したがって，真理や美徳を積極的に教えるのではなく，「純粋に消極的」に教育すること（消極教育），「心を不徳から，精神を誤謬[＊11]からまもってやること[29]」が重要だと主張したのである。

## 3 ）ペスタロッチー（Johann Heinrich Pestalozzi, 1746〜1827）

ペスタロッチーは，1746年1月12日，スイスのチューリッヒで生まれた。1769年，8歳年上のアンナと結婚し，1771年にはチューリッヒ郊外に「ノイホーフ（Neuhof）」（「新しい農場」の意）と名付けて農場経営に乗り出した。この農場経営は失敗に終わるが，この頃に示唆を受けた『エミール』は，彼に長男ヤコブの『育児日記』を記させた。その後，1774年，付近の貧児を集め，学習と労働とを一体化した貧民労働学校を開設したが，1780年には閉鎖を余儀なくされた。この閉鎖により失意の中にあったが，これ以降，しばらくの文筆活動に入る。彼の根本思想が示された『隠者の夕暮』（1780年），『リーンハルトとゲルトルート』第1巻の公表（1781年），『スイス週報』（1782年）の発行，『立法と嬰児殺し』（1783年），『探求』（1794年）の公刊を果たした。1798年，フランス革命の戦乱から生まれた戦災孤児を収容するため，シュタンツに設けられた孤児院の経営を担った。その時の生活の様子や思索は『シュタンツだより』（1799年）に描かれている。この孤児院は約半年で解散にいたったが，その後，各地で学校経営を行い，彼の下にはフレーベルやヘルバルト等の教育者が訪れた。1825年，晩年にいたってノイホーフに戻り，それまでの生涯を回顧して

ペスタロッチー

『白鳥の歌』（1825年）を著した。

　ペスタロッチーの初期の著作『隠者の夕暮』の冒頭には，「玉座の上にあっても木の葉の屋根の蔭に住まっても同じ人間，その本質からみた人間，一体彼は何であるか[30]」と記されており，生涯にわたる彼の問いが示されている。どのような境遇にあっても，本質としての人間は同じである，その「彼」（人間）の本質とは何なのか，それを明らかにするための生涯であったといってよい。では，どのような教育を理想としたのか。彼は，『白鳥の歌』の中で，「基礎陶冶*12の理念」を「人間の心情，人間の精神，および人間の技術の諸能力と素質とを合自然的に発展し形成する理念[31]」とし，精神力（頭），心情力（心），技術力（手）の諸力を調和的に発展させることが人間教育の課題であると考えた。そして，その発展の機会は生活にこそあると述べている。すなわち，「子供がおかれている境遇はどんなに相違していても，生活は人間の諸力を永劫不易の法則にしたがって発展させる[32]」と。「生活が陶冶する」という彼が見出した真理をここにみることができよう。

　また，ペスタロッチーが示した教育方法として直観教授がある。彼は，子どもにとって，それを取り巻く世界は朦朧とした，混乱した世界であるととらえた。その混乱を，明確な概念として子どもの意識の中に形づくることが教育の役割であると考えた。混沌とした雑多な外界を，子どもが自らの内に取り入れる際，単純化して，整理する必要があるが，その際にペスタロッチーが着目したのが，「直観のABC」である[33]。「直観のABC」とは，直観の世界を単純化し，概念を明確化するときに用いる数・形・語の3要素である。ペスタロッチーの直観教授は，その後，世界各国の教育に多大な影響を与えた。

## 4）フレーベル（Friedrich Wilhelm August Fröbel, 1782〜1852)

　幼稚園の創始者であるフレーベルは，1782年，ドイツのチューリンゲンで牧師の子として生まれた。彼がまだ9か月のときに母を喪い，その後は継母に育てられた。最初，林務官の徒弟として職務にあたったが，1805年，23歳のときに，ペスタロッチーの弟子のグルーナーが校長を務める模範学校の教師となった[34]。ペスタロッチー主義に感銘を受けたフレーベルは，1808年，スイスのイフェルテンにあったペスタロッチーの学園に滞在した。1816年，34歳のときに「一般ドイツ教育所」を設立し，1817年，カイルハウに学舎を移して教育活動にあたった[35]。このときの経験を基に『人間の教育』（1826年）を著した。スイスの各地を転々とした後，1836年から幼児教育研究に専念し，遊具の考案に努力した。その成果の代表的なものが「恩物」（Gabe，神から授けられたもの）で

フレーベル

30)　ペスタロッチー，長田 新訳『隠者の夕暮・シュタンツだより』岩波書店，1995，p.7.

*12　基礎教育とも。子どもの人間性を調和的に発展させるために養い育てること。

31)　ペスタロッチー，長田 新編集校閲『ペスタロッチー全集 第十二巻』平凡社，1959，p.10.

32)　31)と同じ，p.44.

33)　11)と同じ，p.114.

34)　フレーベル，荒井 武訳『人間の教育（下）』岩波書店，1974，p.254.

35)　34)と同じ，p.264.

ある。1837年にブランケンブルクに定住して幼児用の遊具の製作に取り組み，また6歳以下の幼児40人を集めて幼児教育にあたった。このとき，「幼稚園」（Kindergarten）という名称を発想したとされている。

ペスタロッチーの唱えた直観教授に学ぶところの多かったフレーベルは，それをさらに発展させ，直観を基礎としつつも，それを基にした行動を重視した[36]。幼児が行う，生活の中での自発的な活動，創造的な活動を重視し，遊戯に教育的意義を見いだした。このような自発的・創造的活動を「系統的関連的[37]」に発展させようと考案されたのが恩物である。恩物は毛糸のボールや立方体，円柱といった「最も単純なもの，最も小さいもの，および身近にあるもの[38]」でありながら，この世のあらゆる法則を示しており，子どもが後に経験するであろう「複雑なもの，大きいもの，および遠いもの[38]」の本質を示している。

以上のようなフレーベルの思想を結実させた場が，1840年に設立を発表した「一般ドイツ幼稚園」であった。その設立計画で，「子どもたちの園[39]」のための出資を広くドイツの婦人らに求めた。こうして，世界最初の幼稚園がブランケンブルクに創設され，後に全ドイツに広がった。1851年の「幼稚園禁止令」公布にいたり，当時のプロイセン政府に弾圧されたものの，幼稚園普及の動きは各国に及んだ。

### 5）モンテッソーリ（Maria Montessori, 1870〜1952）

イタリア初の女性医師であり，また教育家として活躍したモンテッソーリは，1870年，イタリアに生まれた。はじめ，工科大学で学び技師を目指していたが次第に医学に関心をもつようになり，1890年にはローマ大学に入学して医学や人類学を学んだ。1896年には精神医学に関する卒業論文をローマ大学に提出し，同国で女性としては初めて医学博士号を授与された。その後，1897年には同大学付属病院で精神科の助手として障害児の研究や治療に携わりながら，障害児教育に対する関心を高め，教育学に関する造詣を深めていった。当時，障害児の問題は医学的な領域で解決されるべきものであり，教育はその補助手段であると考えられていた[40]。しかし，モンテッソーリは，その考え方に疑問をもち，「精神薄弱は主として医学的な問題よりむしろ主に教育学的問題を示している[41]」と考えた。1897年から1900年にかけて，「小学校で絶望的な欠陥があると見なされていた子ども達から成る全日クラス[42]」の教育に携わったが，このときに適用した障害児教育の方法を実践するうちに，その原理・方法を障害のない子どもに用いればよりすぐれた効果があがると考えるにいたった。例えば，障害の有無にかかわらず，衣類の着脱について考えると，幼い子どもはうまく体を動かして服を脱いだり，指先を器用に使ってボタンを留めたりする

36）11）と同じ，p.124.

37）フレーベル，荘司雅子・小原國芳監修『フレーベル全集 第4巻 幼稚園教育学』玉川大学出版部，1981，p.42.

38）37）と同じ，p.42.

39）フレーベル，荘司雅子・小原國芳監修『フレーベル全集 第5巻 続幼稚園教育学 母の歌と愛撫の歌』玉川大学出版部，1981，p.75.

モンテッソーリ

40）モンテッソーリ，阿部真美子・白川蓉子訳，梅根悟・勝田守一監修『世界教育学選集 モンテッソーリ・メソッド』明治図書出版，1996，p.307.

ことは難しい。また，言葉についても，幼い子どもが使う言葉は原初的なものである。モンテッソーリは幼い子どもの特徴を踏まえて，障害児教育に効果のある方法は，幼児一般に適用できる方法であり，発達を助けると考えたのである。

　このような考えのもと，1907年1月6日，ローマ住宅改良協会の依頼を受け[43]，ローマのスラム街，サン・ロレンツォ区に設立された「子どもの家」（Casa dei Bambini）での指導にあたった[44]。彼女はその指導と監督を一任され，彼女がそれまで考察してきた医学，教育学の知見を活かした「モンテッソーリ法」（Montessori Method）が用いられた。「子どもの家」では，子どもの様子をつぶさに注意深く観察し，記録し，研究することによって得られたエビデンスに基づいて，科学的教育が行われた。そして，子どもの自由な活動を認めること，子どもに社会性を身に付けること，感覚訓練によって知的発達の基礎をつくること等をねらった[45]。とりわけ，モンテッソーリ教育を特徴付けるのは，彼女が子どもの感覚を鋭敏にするために考案した「モンテッソーリ教具」を用いた感覚訓練である。例えば，木製の枠に布や皮を張り，その布や皮にボタンとボタンホールを付けた教具がある。このボタンを掛けたり外したりすることで指の運動を発達させ子どもは衣服の着脱に必要な動作を習得する，というのである[46]。こうした感覚訓練を基礎にして，文字の読み書きや算数に発展させるのである。当時は，「子どもの家」での実践によりわずか4歳の子どもが読み書きができるようになったと騒がれ，世界各地からの訪問者があった[47]。

　こうして，「子どもの家」での成功を収めた後，1907年4月には第2の「子どもの家」が設立され，その動きはローマ市外にも広がり，翌1908年には5つの「子どもの家」が設立された[48]。1909年，モンテッソーリの最初の著書とされる『子どもの家における幼児に適用された科学的教育の方法』（『モンテッソーリ・メソッド』として1912年に英訳された）を出版した[49]。

# 3　子ども観と教育観の変遷

　アリエス（Ariès, P.）は，中世を「子供時代の意識の不在[50]」と表現した。中世の人のライフコースに「子供期」という観念は存在せず，大人との区別が曖昧であり，「子供期」の特殊性は意識されていなかった，というのである[51]。したがって，「中世の文明[52]」においては，子どもに対する特別な関心や配慮の必要性が認知されていなかったとしている。しかし，17〜18世紀に至り，子ども観に変化がみられるようになった。医学や心理学の発達に伴い，子どものもつ身体的，心理的な特殊性が明らかになっていったこと等が背景の一つであ

41) 40）と同じ，p.30.

42) 40）と同じ，p.31.

43) 甲斐仁子「マリア・モンテッソリ年譜（改訂版）」藤女子大学紀要，第46号，第Ⅱ部，2009，pp.69−100.

44) 40）と同じ，p.307.

45) 乙訓 稔『西洋現代幼児教育思想史—デューイからコルチャック—』東信堂，2009，pp.90−96.

46) 40）と同じ，p.115.

47) 40）と同じ，p.308.

48) 43）と同じ，p.73.

49) 45）と同じ，p.74.

50) フィリップ アリエス，杉山光信・杉山恵美子訳『〈子供〉の誕生—アンシァン・レジーム期の子供と家族生活—』みすず書房，1984，p.5.

51) 50) と同じ, p.122.

52) 50) と同じ, p.384.

53) 小澤周三編『教育学キーワード〈新版〉』有斐閣, 2002, pp.12-13.

ろう。子どもの心身には繊細な部分や脆弱な部分があり，大人とは異なる存在だという認識が広まった。それゆえに関心が高まり，特別な配慮がなされ，愛情を注がれる対象となっていったのである[53]。

こうした子ども観の変化は，当然，教育観の変化をももたらした。先に述べたルソーの『エミール』は「子ども発見」の書ともいわれる。子どもを善ととらえ，自然な子どもの有り様を活き活きと描きながら，成長に即して教育とはいかにあるべきかについて考察されている。こうした子ども観が，ペスタロッチーやフレーベル等の教育思想に与えた影響は計り知れない。19世紀末，世界的に起こった新教育運動もこのような子ども観，教育観を基盤にして展開された。

## 演習課題

**課題1**：自分の住んでいる土地にかつて存在した藩校について調べてみよう。

**課題2**：フレーベルの考案した「恩物」によりどのような教育が行われたのか考えてみよう。

**課題3**：自分たちの考える子ども観や教育観について話し合い，世代の違う人の子ども観や教育観と比べてみよう。

## コラム　4月入学？　9月入学？

海外では9月に入学する国が多くあります〔第5章，表5-1（p.44）を参照〕。そもそも，なぜ我が国では，入学が4月なのでしょうか。現在，学校教育法施行規則第59条では，「小学校の学年は，四月一日に始まり，翌年三月三十一日に終わる」と定められています。これを歴史的に遡ってみてみましょう。

元来，海外の教育制度に倣った明治初期の日本の学校は，9月入学が主流でした*。高等師範学校等の入学が4月に変更された背景とされているのは，一つに陸軍との関係がありました。陸軍が人材を確保する4月に合わせ，優秀な人材を先取りされることに対抗する意味があったのです。もう一つには，国の会計年度が，明治19（1886）年以降，4月〜翌年3月になったことがあります。会計年度の始期が4月に変更された理由は，当時の日本人の大半が農業従事者だったことと関係しているようです。すなわち，秋の収穫→換金→納税というタイミングを考えると，春が適当だったという理由で変更され，それに合わせる形で学校の入学も4月入学になったともいわれています。これ以外にも，日本の気候や，年中行事等，様々な要因が考えられるでしょう。

＊　佐藤秀夫『学校ことはじめ事典』小学館, 1987, pp.32-33.

# 第5章 学校の仕組みや制度を探る

　「学校」とは，何をするところだろうか。勉強，友だちをつくる，部活動，先生と子どもとの関わり，休み時間の他愛もない会話…。人それぞれの経験等によって，その考え方は多種多様であろう。

　本章では，まず学校そのものの制度的概要や目的等を確認する。その上で，諸外国の学校教育についてもいくつかのポイントからみていき，その視点も踏まえながら学校教育の意味を深めていきたい。加えて，学校教育の制度を支える法律や行政の基礎についても整理する。

## 1 日本における教育の仕組みや制度

### （1）学校教育の体系

　日本の学校は，幼稚園・小学校・中学校・義務教育学校[*1]・高等学校・中等教育学校[*2]・特別支援学校・大学[*3]・高等専門学校の9種からなる。これらがいわゆる正規の学校であり，学校教育法第1条によって定められることから「1条校」とも呼ばれる。

　ただ，他にも「学校」との名称が掲げられている教育機関が思い浮かぶことだろう。例えば専門学校がある。一般に専門学校と呼ばれる学校は，学校教育法第124条に定められる専修学校に当たり，1条校からは区別される。また，自動車学校やインターナショナルスクール，予備校等は，学校教育法第134条に規定される各種学校に当たり，「学校教育に類する教育を行うもの」とされる。なお，専修学校，各種学校共に法律に基づき認可されるという点では1条校と変わりはない。

**＊1　義務教育学校**

　9年間の義務教育（小学校段階に当たる前期課程6年間，中学校段階に当たる後期課程3年間）を一貫して行う。2015（平成27）年6月の学校教育法改正によって制度化された。

**＊2　中等教育学校**

　中等教育6年間（中学校段階に当たる前期課程3年間，高等学校段階に当たる後期課程3年間）を一貫して行う。1999（平成11）年6月の学校教育法改正によって制度化された。

＊3　大学には，短期大学，及び2017（平成29）年5月の学校教育法改正によって制度化された専門職大学・専門職短期大学〔「特定の職業のプロフェッショナルになるために必要な知識・理論，そして実践的なスキルの両方を身に付けることのできる大学」（文部科学省HP https://www.mext.go.jp/a_menu/koutou/senmon/index.htmより引用）〕も含まれる。

＊4　**日本国憲法第26条**

すべて国民は，法律の定めるところにより，その能力に応じて，ひとしく教育を受ける権利を有する。

すべて国民は，法律の定めるところにより，その保護する子女に普通教育を受けさせる義務を負う。義務教育は，これを無償とする。

＊5　「無償」の範囲は，一般的に授業料を指すとされている。

＊6　**教育基本法第14条2項**

法律に定める学校は，特定の政党を支持し，またはこれに反対するための政治教育その他政治的活動をしてはならない。

# （2）学校の制度は何のためにあるか

## 1）公教育の目的

では，何のために国は学校という制度をつくるのだろうか。当たり前に存在している学校という制度について，ここでは「公教育」という概念を確認することによってその意味を考えてみよう。

冒頭にも触れたように，学校が「勉強する」ところだとすれば，勉強は学校だけでするものであろうか。いや，塾で学ぶこともできるし，今の時代であればパソコンやスマートフォンで検索をすればあらゆることを学ぶことができる，と考える人もいるだろう。しかし，例えば経済的な理由等によって，必要な学びに大きな差が出てしまったら，それは問題だと思う人も少なくないのではないだろうか。「教育を受ける権利」や「学びたいことを学ぶ権利（学習権）」は，日本国憲法[4]で保障された国民一人一人が有する基本的人権である。その権利を適切に行使できるよう，どのような立場・経済的状況であっても，差別されることなく教育を受けられることが憲法上保障されている（教育の機会均等）。そして，子どもが家庭の状況によって教育の機会に差が生じないよう，子どもの保護者に対して普通教育を受けさせる義務を課しており（義務教育），義務教育は無償で提供されることとなっている[5]（義務教育の無償性）。

ただし，国が制度として整備する教育において，一定の価値観や思想の型に人々を当てはめることがあってはならない。私たち一人一人は，思想・信条の自由を有しているからである。ましてや，戦前のように「国のために尽くす人になろう」といったような，政治的・思想的に偏った教育が行われることは慎まれるべきである。そのため，国が整備する教育は政治的に中立な立場で行われなければならない（教育の政治的中立性[6]）。同様に，どのような宗教を信じるか等は，それぞれの立場が尊重されなければならないため，特に公立学校においては特定の宗教を教え込むようなことは禁じられている（教育の宗教的中立性[7]）。

以上のように，全ての人が経済的状況や思想・信条の違いにかかわらず，平等に教育を受けられるように，そして学びたいことを学ぶことができるように，国が制度として整備する教育を公教育という。上述の教育の義務性・無償性・中立性は公教育の原則とされ，学校教育制度は公教育の理念を実現するための中心的役割を担っている。以下では，そのような学校教育制度の中でも幼稚園及び義務教育諸学校（小学校・中学校）の制度概要について整理する。

## 2）幼稚園の目的・目標・内容

　幼稚園は，１条校の先頭に示される学校であり，子どもの教育の基礎を育む場として制度上位置付けられている。すなわち，学校教育法第22条には「義務教育及びその後の教育の基礎を培うものとして，幼児を保育し，幼児の健やかな成長のために適当な環境を与えて，その心身の発達を助長すること」を目的として幼稚園教育が営まれることが示されている。その目的を達成するために，同法23条には健康・人間関係・環境・言葉・表現の領域に関わる５つの目標が掲げられている。そして，それら５つの領域に関する内容及びねらいは，文部科学大臣告示の「幼稚園教育要領」にて具体的に示され，それを踏まえて各幼稚園は教育課程を編成することとなっている。

## 3）義務教育段階（小学校・中学校）の目的・目標・内容

　小学校・中学校（特別支援学校の小学部・中学部も含む）の９年間が義務教育段階となっている。義務教育の目的は，「各個人の有する能力を伸ばしつつ社会において自立的に生きる基礎を培い，また，国家及び社会の形成者として必要とされる基本的な資質を養うこと」（教育基本法第５条２項）とされる。その達成のために，社会形成への参画及び発展へ寄与する態度を養うこと等，10の義務教育の目標が学校教育法第21条において掲げられている。

　次に，普通教育[*8]としての義務教育を行う学校である小学校・中学校の目的や目標についてそれぞれみてみよう。

　小学校は６年間の修業年限の中で，義務教育として行われる普通教育のうち基礎的なものを施すことを目的とし，先述の学校教育法第21条において掲げられた10の義務教育の目標を達成するように教育活動が行われることが求められている。小学校の教育課程は，国語，社会，算数，理科，生活，音楽，図画工作，家庭，体育，外国語の各教科，特別の教科である道徳[*9]，外国語活動（小学校３・４年生），総合的な学習の時間並びに特別活動によって編成される。

　中学校は，３年間の修業年限の中で，小学校における教育の基礎の上に，心身の発達に応じて義務教育として行われる普通教育を施すことを目的としている。中学校の教育課程は国語，社会，数学，理科，音楽，美術，保健体育，技術・家庭及び外国語の各教科，特別の教科である道徳，総合的な学習の時間並びに特別活動によって編成される。なお，中学校における部活動は教育課程外の活動に位置付けられるが，学校教育の一環として教育課程との関連が図られることが求められている。

＊7　教育基本法第15条２項

　国及び地方公共団体が設置する学校は，特定の宗教のための宗教教育その他宗教的活動をしてはならない。

＊8　ここでいう「普通教育」とは，特定の職業や専門分野に特化した教育ではなく，社会の一員として生活するために必要な知識，技能を授ける教育とされる。

　坂野慎二他編『学校教育制度概論』玉川大学出版部，2017，p.42.

＊9　道徳の時間は，従来教科外の活動として行われてきたが，小学校は2017（平成29）年度から，中学校は2018（平成30）年度から「教科化」され，「特別の教科」として位置付けられた。国の検定を通過した教科書が使用されるようになったこと，道徳に関して評価（記述式）が行われるようになったことが大きな変化としてあげられる。

＊10　ただし，アメリカは州や地方の教育行政単位（学区）ごとに細かく学校制度が異なる。8－4制以外に，6－3－3制，6－6制，5－3－4制等がある。そのうち，都市部で発達したとされるのが6－3－3制であり，戦後日本に制度として導入された。
　　二宮　晧編『新版 世界の学校』学事出版，2013，p.130.

＊11　近年の教育改革によって，16歳から18歳は教育あるいは訓練に従事することが義務付けられているため，実質18歳までの義務教育となっている。
　　文部科学省『諸外国の教育統計』，2019.

# 2 諸外国における教育の仕組みや制度

　では，以上のような学校の仕組みは，諸外国ではどうなっているのか。いくつかの側面から比較してみよう。

　まず学校段階である。年数の違いはあるものの，幼児（就学前）教育・初等教育・中等教育・高等教育からなっているのは多くの国で概ね共通している。義務教育の年限は概ね9年間の国が多いが，11年ないし12年の国もある。

　例えばアメリカは，小・中学校段階が8年，高校段階が4年間の8－4制が伝統的な形[10]であり，6歳から15歳までが義務教育である。一方で，イギリスでは5歳から16歳までが義務教育である[11]。具体的には，小学校は5歳から11歳までの6年間，中等教育段階12歳から16歳までの5年間となっている。

　始業の時期も国によって異なる（表5－1）。これは，それぞれの国の文化的・社会的・地理的な条件・背景によるものだといえる。どの国でも日本と同じように「4月から新年度が始まる」というわけではないのである。同様に，夏休み等の長期休暇の期間，その間に課される宿題の量・質にも幅がある。

　学校で用いられる教科書のあり方にも違いがある。日本では義務教育段階の教科書は無償で全ての子どもに給付されることになっているが，これは実は稀なケースである。他の国々では，教科書は貸与制の場合が少なくない。また，日本の場合だと国（文部科学大臣）が検定した教科書を用いることが義務付けられているが，検定制度がない国もある。イギリス等は国が教科書の検定を行わず，どのような著作物や教材を用いるかは各教員が選択することができる。

　教室のあり方にも違いがある。日本の場合，特に小学校は，「○年△組」の教室があり，そこに教員が行って授業をする。しかし，他の国では教科ごとに

**表5－1　世界各国の入学時期**

| 月 | 国 |
|---|---|
| 1月 | オーストラリア，シンガポール，マレーシア，ケニア，南アフリカ，サモア |
| 2月 | ブラジル，ブータン |
| 3月 | 韓国 |
| 4月 | 日本 |
| 5月 | タイ |
| 7月 | インド，バングラディシュ |
| 8月中旬〜9月 | フィンランド，ドイツ，メキシコ |
| 9月 | フランス，ロシア，ポーランド，中国，ベトナム，イギリス，アメリカ |

注）厳密には同月内でも月初めに始業の国もあれば，月末に始業の国もあるが，ここでは割愛した。
出典）二宮　晧編『新版 世界の学校』学事出版，2013に収録されている国々を参照し，筆者作成.

写真 5 − 1　ロシアの小学校「文学」の教室
（2013年 5 月 筆者撮影）

教室があり，子どもが教科ごとに教室を移動するケースも少なくない。写真
5 − 1 はロシア連邦のとある小学校の教室の一角を映したものである。この教
室は，「文学」という教科専用の教室である。ロシアにはプーシキンやトルス
トイ，ドストエフスキー等，著名な文学者がおり，彼らの作品や精神性に敬意
を払うべく教室の黒板の上に彼らの肖像画が掲げられていた。

　世界には約200もの国が存在する。全ての国の教育や学校の様子を比較する
ことは非常に困難である。いずれにしても，日本の学校のあり方が全てではな
い。様々な国の教育のあり方をみていくことによって，自分たちがこれまで受
けてきた学校教育のあり方を考えるきっかけともなるだろう[12]。

# 3　教育法規・教育行政の基礎

　次に，学校教育の制度を支える法律や行政について確認していこう。

## （1）教育の法体系

　教育分野に限らず，日本の法体系の頂点には日本国憲法が位置し，その理念
を実現するために国会にて各種の法律が制定される。法律に定められた事柄
は，国の関係省庁によって，より実務的な内容を示した政令，省令が定められ
る。そして，国の定める法規に従って，各自治体において条例が定められる
（図 5 − 1 ）。

　教育分野においては，日本国憲法に定められた「教育を受ける権利」「教育
の機会均等」の理念の実現を目指し，まず教育基本法が定められている。同法
では教育の目的や目標等，日本における教育（学校教育のみならず，生涯学習，
幼児教育，家庭教育等も含む）の基本原則が示されている。

　教育基本法は第 2 次世界大戦後の1947（昭和22）年に制定されたが，2006（平

[12]　次のような著作
物が参考になるので，
興味のある人は読んで
みよう。
　泉　千勢編『なぜ世
界の幼児教育・保育を
学ぶのか』ミネルヴァ
書房，2017.
　ルドヴィクァ ガン
バロ他編，山野良一他
監訳『保育政策の国際
比較』明石書店，2018.
　二宮　晧編『新版 世
界の学校』学事出版，
2013.
　坂野慎二・藤田晃之
編『海外の教育改革』
放送大学教育振興会，
2015.

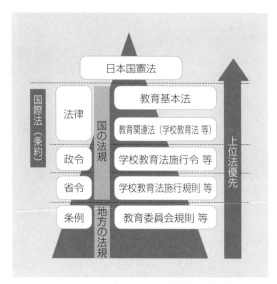

**図5−1　日本における教育の法体系**

＊13　教育基本法の改
正については，いわゆ
る「愛国心」の涵養・
醸成を教育の目的・目
標に含めるか等，政治
的・社会的にも物議を
醸した。

成18）年に全部改正され現在に至る＊13。他の法律とは異なり，憲法のような前
文があることから，「教育憲法」「準憲法的教育規定」等と呼ばれることもあ
る。

　その上で，各種の教育関係の法律が制定され，その運用等に関わる取り決め
は政令以下で規定される。図5−1では学校教育法を例にしているが，学校教
育法は日本の学校教育制度の基準について定めている。それに基づき，内閣は
学校教育法施行令を政令として制定し，主に義務教育に関する取り決めや認
可・届出に関する手続きについて規定している。そして，文部科学省によって
学校教育法施行規則が省令として制定され，学校教育法施行令が規定している
事項以外の学校教育の詳細（学校の設置廃止，校長の資格，学年の始めの日等）が
示される。

　国の法規に従い，各地方自治体は教育委員会規則等の教育に関する条例を定
め，各種の教育活動の展開，教育行政の運用を行うこととなる。

　なお，法規間で矛盾する内容が生じた場合は，より上位の法規が下位の法規
に優先することとなっている（上位法優先の原則）。また，国家間もしくは国際
機関において締結される条約等の国際法も，国内の法整備に影響を与えること
となる。国際法は一般に法律に優先し，憲法の下位に位置付けられることとな
っている。

# （2）教育行政

## 1）国の教育行政

　定められた法規に従い，実際の政策を実行していくのが行政である。そして，教育に関する行政のことを教育行政という。国の教育行政は，主として文部科学省によって担われる。

　文部科学省は，教育の振興のみならず，学術，スポーツ，科学技術の振興を図ることを任務としている。その範囲は非常に広い。教育改革に関すること，初等中等教育の振興に関する企画・立案・援助・助言，学校保健，大学等の設置認可等の学校教育関連事項，スポーツの振興，さらには宇宙の開発及び原子力に関する技術開発，宗教法人に関すること等，90項目以上の事務をつかさどることとなっている。

　教育政策・教育改革の推進に関わっては，文部科学省内に設置される審議会の役割が大きい。審議会は，文部科学大臣からの諮問（見解，意見を求めること）を受け，その中で求められた重要事項に関して調査審議をする。その結果は答申という形で文部科学大臣に提出される。様々な審議会が設置されているが，とりわけ重要な役割を担っているのが中央教育審議会である。同審議会には教育制度分科会や初等中等教育分科会等の分科会が設置され，それぞれの分野に応じた重要事項を審議し，教育改革の方向性を示してきている。約10年に１度改訂される学習指導要領（幼稚園は幼稚園教育要領）も，同審議会へ文部科学大臣が改訂に向けた審議を諮問し，数年掛けて審議を重ね答申が示される。

　その他の国の省庁も，大なり小なり教育行政に関わっている。教育に関する政策を進めていくには，当然お金が必要となる。国のお金（財政）を主に握っているのは財務省であり，教育に関する予算も財務省がゴーサインを出さなければ組むことができない。また，幼児教育・保育の分野に関していえば，幼稚園は文部科学省の管轄であるが，保育所は厚生労働省の管轄である。加えて，2006（平成18）年より制度化された幼保連携型認定こども園は，内閣府の管轄となっている。いずれも就学前の子どもたちが生活し，成長する場であることに変わりはなく，いずれかに通うことによって成長に差が生じたりすることがあってはならない。そのため，各省において編成される教育課程・全体的な計画の基準（幼稚園：幼稚園教育要領，保育所：保育所保育指針，幼保連携型認定こども園：幼保連携型認定こども園教育・保育要領）に整合性をもたせ，これら３つの就学前施設での教育・保育の内容がある程度共通するように調整を図っている。

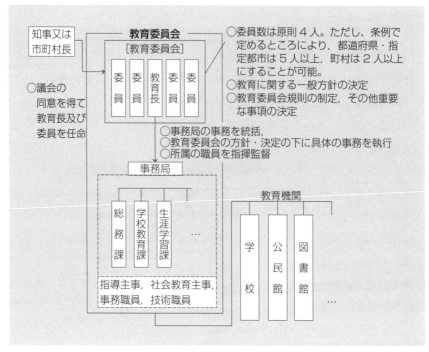

**図5－2　教育委員会の組織**

出典）文部科学省ホームページ

## 2）地方の教育行政

　地方における教育行政の中心を担うのは，地方教育行政の組織及び運営に関する法律（地教行法）によって規定され，都道府県及び市町村（特別区を含む）に設置される教育委員会である。教育委員会は，教育長と教育委員4名から原則構成される。そこでは，それぞれの地方の教育に関して議論され，一般的な方向性が決定される。その決定に従って，教育委員会事務局が具体的な事務を執行する。

　教育委員会の職務権限には，学校の設置・管理・廃止，学校等の職員の任免・人事，学校の組織編制，教職員の研修，学校給食等がある。

　2014（平成26）年の地教行法改正により，教育委員会制度は大きく変化した*14。とりわけ，各自治体の首長（都道府県知事・市町村長）の権限が大きくなった。第1に，教育に関する「大綱」を策定することが首長の責務となった。「大綱」は教育基本法第17条で国に策定を求めている「教育振興基本計画」を参酌（各地域の実情を考え，適切に取捨選択すること）し，「その地域の実情に応じ，当該地方公共団体の教育，学術及び文化の振興に関する総合的な施策」を定めるものである。第2に，首長の主催で「総合教育会議」を設置することとなった。同会議は首長と教育委員会で構成され，「教育に関する大綱」の協議，

*14　近年の教育委員会制度改革の経緯や概要に関してより深く知るためには，次のような著作物が参考となる。

　村上祐介編『教育委員会改革 5つのポイント』学事出版，2014.

　新藤宗幸『教育委員会』岩波新書，2013.

及び教育に関する重点事項の審議や児童生徒に関する緊急措置に関する議論を
行うことを目的としている。

　以上，本章では学校の仕組みや制度，それを支える法律や行政について概観
してきた。今の制度は決して完璧ではない。特に，新型コロナウイルス感染症
拡大に関わっては，学校に集えない状況が続き，子どもの学習保障のあり方が
問われた。よりよい学校の仕組みはどのようにあるべきか。未来を見据え，常
に考え続けていく必要があるだろう。

## ● 演習課題

**課題1**：自分の好きな国や興味のある国の学校教育制度を調べ，日本の学校教育制度と比較しなが
　　　　らそれぞれの特徴等を考えてみよう。
**課題2**：文部科学大臣の諮問を受け，中央教育審議会でどのような答申が出されているかについて，
　　　　文部科学省のホームページ等から調べてみよう。
**課題3**：自分の住む市町村の総合教育会議でどのようなことが議論されているか調べてみよう。

### ● 参考文献

古賀一博編『教師教育講座第5巻　教育行財政・学校経営　改訂版』協同出版，2018.
高見　茂・開沼太郎・宮村裕子編『教育法規スタートアップver.3.0』昭和堂，2016.
二宮　晧編『新版　世界の学校』学事出版，2013.

## コラム　　ロシア連邦の統一国家試験「エゲ」の是非

　写真5-2は，筆者が約10年前にロシア連邦・モスクワ市内の書店で撮ったものである。書棚にぎっしり並んでいるのは，ロシア国内の大学に入学するための全国的な統一試験である「エゲ」のための問題集である。エゲとは，中等教育段階（高校段階）修了のための国家試験であると同時に，日本の大学入試センター試験〔2020（令和2）年度より大学入学共通テスト〕のように大学入学試験の機能も兼ねるものである。2001（平成13）年から一部地域で始まり，2009（平成21）年からロシア全土で導入された。それまでは各大学独自のテストを経て入学者が決まっていたが，賄賂による不正入学や地方と都市部の生徒の大学入学に係る格差等が長年課題とされてきた。それを解消すべく，導入されたのがエゲだ。

　ちょうどエゲがロシア全土で導入されて間もない頃にモスクワを訪れた際に撮った一枚が，この写真である。このコーナーを入念にチェックしていた人の中には，中高年の女性が少なくなかった。おそらく，受験を控えたお子さんを抱えているのだろう。「どれが我が子に必要か」「どの本が効果的なのだろうか」遠目で見ていても，そんな声が聞こえてくるようだった。

　エゲは，ロシア国内では比較的高い評価を得ているという。地方出身者が大学へ進学しやすくなり，実際に進学率の向上がみられること，賄賂等の不正が少なくなったこと等がその要因とされる。テストの点によっていい大学へ進学できるかが決まるとなれば，保護者の関心事がそこに向けられ，我が子のためにいい対策本を選ぶ，といった行為も自然なことと思われよう。

写真5-2　問題集がずらっと並ぶ

　一方で，学校現場は受験対策に追われ，「予備校化」しているとの指摘もされている。テストの結果という数字で平等が担保されることが正の側面とすれば，予備校化と呼ばれる状況によって学校現場の自律性や自由が制限されることは負の側面といえるかもしれない。近年，センター試験等をはじめとする高大接続改革が日本でも進められているが，ロシアのこのような事例は決して無関係な話ではないだろう。

# 第6章 教育の内容と方法を考える

　教育の内容と方法は，子どもたちの個性と課題，それに対する保育者（幼稚園教諭・保育士・保育教諭をいう）・教師が定める"ねらい"に基づいて選択される。日本の教育実践では，遊びや集団生活の充実を通して，子どもが他者との関わりを学ぶことが大切にされている。世界の教育実践では，様々な表現活動や探究活動を通して，子どもたちの興味や個性を伸ばしていくことが大切にされている。それぞれの教育実践には，子どもを理解し，教育の内容と方法を選択していくための哲学がある。

## 1 教育実践の基礎理論

　教育実践とは，保育者・教師[*1]が，子ども理解に基づいて，教育的に価値のある内容と方法を選択し，子どもとの応答関係の中で刻々に発達をうながしていく，創意工夫に満ちた行為である。

　実践という言葉には，意識的・意図的な行為という意味が含まれている。日本の教育学の礎を築いた一人である長田新は，「教育学は生活の中に理念を実現することに関する科学である[1]」と述べ，「教育活動」を子どもの現在の状態と理想の状態を繋ぐ行為であると規定した[2]。したがって，保育者・教師が子どもをより理想的な状態に向かわせるための"意図"や"ねらい"をもつことが教育実践への第一歩となる。

　他方で，教育実践には，活動の中で様々なことを考え，行動し，学びを得ていく子ども（たち）というもう一つの主体がいる。日本の教育実践史を研究してきた碓井峯夫は，教育実践を「子どもの内的矛盾を発達可能性へと転化させる仕事[3]」と規定している。「内的矛盾」とは，活動する中で子どもの心理（内面）に生まれてくる「なんでだろう？」といった疑問や「〜したいけど，できない」といった葛藤のことである。保育者・教師には，刻々に変化する子ども

*1　本章では，就学前教育だけではなく，その後に接続していく学校教育における教育実践も想定し，このように表記している。

1）　長田新『教育學』岩波書店，1955，p.47.

2）　1）と同じ，pp. 22−24.

3）碓井峯夫『教育実践の創造に学ぶ』日本教育新聞社，1982，p.18.

の心理状態に目を向け，子どもが抱く疑問や葛藤を共有し，子どもが自分でそれを乗り越えられるように支え励ますことが求められる。教育実践は，保育者・教師と子ども（たち）という２つの主体が，働き掛け合い，応答し合ってつくる物語のようなものである。

# （１）子ども理解のあり方

　このような教育実践の特質を踏まえて，子ども理解のあり方は，教育実践を計画する段階，及び実際に実践を行っている段階，という２つに分けて考えておく必要がある。

　まず，計画段階において求められる子ども理解は，子どもの個性の把握と課題の判断である。日々の活動の様子や保護者との対話を通して，子どもの性格，能力，認知特性，家庭背景，既有経験等を把握することが必要となる。また，発達のために必要な経験や乗り越えるべき課題を判断することが必要となる。この２つは，教育実践の出発地点と目標地点を定めるものとなり，次項で述べる教育内容と教育方法を選択する条件となる。

　ところで，人間には発達の時期ごとに乗り越えるべき課題（発達課題）が存在する。実際，子どもが抱える課題は一人一人で異なるものの，人間としての発達の大きな道筋として理解しておきたい。乳児期には，保護者との愛着形成，他者への信頼感の形成，欲求の主張と抑制，身辺的自立の訓練等。幼児期には，遊びの発達，子ども同士の相互交渉，基本的な生活習慣の確立，善悪の判断等。学童期には，集団への適応等があげられる[2]。どの時期どの発達課題においても，それが豊かに達成されるためには，まず自己の欲求や気持ちが他者に受容される経験が必要である。またその上で，他者の欲求や気持ちを受容する経験が必要となる。子どもは，自己を受容してもらうことで，他者を受容できるようになる。発達課題は，自己と他者との相互受容の中で，豊かに達成されていくのである。したがって，保護者や保育者・教師には，子どもを受容する他者としての役割，そして子ども同士の関わりと相互受容を促す役割が求められる[3]。

　次に，実践段階において求められる子ども理解は，目の前で刻々に変化する子どもの心情や「内的矛盾」（疑問や葛藤）の把握である。保育者・教師は，活動内容や学習対象に対して，子ども一人一人がどのように知覚し，何を考え，どのように取り組もうとしているかを見取る必要がある。しかし，子どもの内面は，目に見えるものではない。そこで保育者・教師は，子どもの身体[4]及び言葉[5]による表現，それを生み出している環境[6]を手掛かりにして，子どもの心情や疑問や葛藤を想像的に読み解かねばならない。そのためには，子どもに

＊2　ロバート ハヴィガースト，荘司雅子監訳『人間の発達課題と教育』玉川大学出版部，1958，エリク エリクソン，仁科弥生訳『幼児期と社会』みすず書房，1977を参照して欲しい。

＊3　近年，多くの子どもが乳幼児期の発達課題につまずき，他者と関わる経験の不足や「生きづらさ」を抱えているという指摘がある。
　大峯岳志・高木安夫・福田敦志・中川拓也著『「Ｋの世界」を生きる』クリエイツかもがわ，2013.

＊4　ここでは，子どもの表情，身振り，取り組み方等の身体活動のこと。

＊5　ここでは，活動の対象，自分の考え，心情等に関する子どもの言語活動のこと。

＊6　ここでは，人的環境，物的環境，自然・社会環境のこと。

何かを教えたり，一緒に遊んだりしながらも，常に「いま，何を見てるかな」「何を考えているかな」「どんな気持ちかな」という分析的な視点をもち，実践の中で刻々に子ども理解を行うことが求められる。実践の中での子ども理解がなければ，教師・保育者と子どもの応答関係は成立しない。

## （2）教育の内容と方法の選択

　教育内容とは，子どもたちの知・徳・体の調和的発達を導くために選択される活動内容や学習内容のこと，またそこで獲得される経験を指す。就学前教育では「健康」「人間関係」「環境」「言葉」「表現」という5領域，また「幼児期の終わりまでに育ってほしい姿」が定められている[4]。学校教育においては「教科」「特別活動」「特別の教科 道徳」「外国語活動」「総合的な学習の時間」が定められている。これらは，国家レベルの基準として定められている教育内容である。各教育施設は，この基準に従いながらも，地域や子どもの実態に合わせて，多様なカリキュラムを編成している。

　では，保育者・教師が教育内容を選択するとはどういうことか。それは第1に，具体的な活動や教材を選択するということである。『幼稚園教育要領』や『学習指導要領』に記載されている抽象的で一般的な教育内容は，子どもの実態や地域環境に合わせて具体化されねばならない。第2に，そうした具体的な活動や教材を通して子どもたちに新たな経験を獲得させ，"ねらい"とする育ちの姿を実現していくことである。

　「カリキュラム」という言葉には，子どもが獲得してきた／していく「学びの経験の総体[*7]」という意味があり，教育内容を子どもの視点から考える点に意義がある。教育内容の選択は，子ども理解に基づいて，過去から現在までの"育ってきた姿"を教育の出発点として，目標地点とする現在から未来への「育ってほしい姿」を具体的に繋ぐ仕事である。

　次に問題になるのは，教育方法の選択である。教育方法とは"やり方"や"手段"といった単純な意味ではなく，教育内容と目標と連関して考えられる論理的な働き掛けとして理解されねばならない。例えば，活動や学習において，どのような課題を提示するのか（活動や学習の基本的な方向付け）。どのような指示，説明，発問をするのか（情報提示の仕方，考えさせ方）。どのように取り組ませるのか（一人なのか，ペアなのか，班なのか，全員なのか）。誰と誰を関わらせるか（子どもたちの関係性の考慮と発展への期待）。目標の達成に向けて特に取り上げるべき肯定的な姿やキーワードは何か（評価し，励ます視点の設定）。個々の働き掛けにおいて，子どもたちはどのように反応し，どのように目標に向かっていくのか（心情や疑問や葛藤の予想，学びの組織化），等を考える必要がある。

4）　文部科学省『幼稚園教育要領』（第1章 第2，第2章）2017.
　厚生労働省『保育所保育指針』（第1章 4，第2章）2017.
　内閣府等『幼保連携型認定こども園教育・保育要領』（第1章 第1，第2章）2017.

*7　「カリキュラム」には，大人が定める「教育の計画」という意味に加えて，子どもが獲得する「学びの経験の総体」という2つの意味がある。
　日本カリキュラム学会編『現代カリキュラム研究の動向と展望』教育出版，2019，pp. 2 - 9.

5）吉本 均『ドラマとしての授業の成立』明治図書，1982，pp. 104-121.

教育方法の選択における基本的な考え方は，子どもの主体性は，保育者・教師による働き掛けによって生起する（指導と自己活動の原理）[5]。したがって，子ども理解に基づき，また教育内容と目標との連関の中で，子どもの主体性を引き出すことができる教育方法を選ぶ必要がある。

# 2 日本における教育の内容と方法

日本の教育実践は，保育室・教室を子どもの「生活の場」と考え，教育の出発点を子どもの現実に置くことを大切にしてきた。

そうした教育文化を形成したものの一つに生活 綴 方（つづりかた）運動がある。生活綴方とは，子どもが生活の「ありのまま」を綴る（書く）こと，その作品を友だちと読み合うことを通して，子どもの「ものの見方・感じ方・考え方」ひいては「生き方」を育てていく教育方法である。その源流には，鈴木三重吉の児童文学雑誌『赤い鳥』の存在があるように，生活綴方では子どもなりの感覚や言葉が重視される。また生活綴方は，飢餓と貧困に苦しむ昭和初期の東北地方における「北方性教育」の軸だったように，子どもたちの生活現実に向きあい，子どもたちが抱える課題から教育実践を展開していく[*8]。

＊8 子どもの生活現実に向きあうという点は，「『生活台』に正しく姿勢する」という言葉で表現される（北日本国語連盟『北方教育の遺産』百合出版，p.10を参照）。それは，子どもが営んでいる生活に向きあうという意味だけではなく，生活を根底から規定している地域的文脈，社会的文脈にも向きあうことを意味している。

生活綴方では，教育内容という点においては，教科はもちろんのことだが，それを子どもの生活現実から問い直すことで，学びに真正性・現実性（リアリティ）をもたせる。また教育方法という点においては，五感を働かせて掴んだ（つか）事実を綴らせ，その作品を集団で読み合うことで，子どもが掴んだ事実の背景にある社会的課題を暴き出し，集団で問題解決を行っていく。

## （1）倉橋惣三における間接的な働き掛けと子どもの「自己充実」

6）倉橋惣三『幼稚園真蹄』フレーベル館，2008（原著1953年）.

乳幼児の生活の中心は遊びである。日本の幼児教育の父といわれる倉橋惣三（1882-1955）は，民衆教育の父ペスタロッチー（Pestalozzi, J. H., 1746-1827），幼稚園の創始者フレーベル（Fröbel, F. W., 1782-1852），米国のプロジェクト法等に学び，子どもの自発性を重視した「誘導保育論」を提唱した。

倉橋は，子どもが「自己充実」することこそが幼児教育において重要であると考えた[6]。そこで保育者の役割は，環境や物に教育的意図を込めて間接的に働き掛け，子どもの自発性を誘発して夢中に遊び込めるようにすることであった。さらにその中で，他者（友だち）との関わりや興味の広がりを経験させ，子どもが生活を自己充実させることでもあった。

倉橋における幼児教育の内容と方法は，現在の幼児教育の基礎ともなってい

倉橋惣三

る。1989（平成元）年に改訂された幼稚園教育要領では，「幼稚園教育は，幼児期の特性を踏まえ環境を通して行うものであることを基本とする」とされ，先述の5領域が幼児教育の内容に定められた[*9]。学校教育に対する幼児教育の固有性は，子どもは充実した遊びと生活の中でこそ発達するという教育観，また，子どもが主体性を発揮できるように環境を通して働き掛けるという指導観にある。保育者もまた環境の一部である。それゆえ，保育者自身が子どもと共に実践を楽しみ「自己充実」することも重要だろう。

## （2）保育問題研究協議会における「伝えあい保育」と「集団づくり」

　子どもたちの生活を充実させるために，戦前から「子どもを社会の矛盾を抱え込んだ存在としてとらえつつ，それらを解決する『新しい保育の体系』[7]」を追求してきた民間教育研究団体に全国保育問題研究協議会（保問研）がある。保問研は，「まずありのままの子どもを受容しながら，子ども自身が新しい自分を獲得すること（人格発達）を大切にし，楽しい充実した生活や遊びの中で，伝え合いを通して，子どもたちが豊かに育つ[8]」保育を追求してきた。

　そうした保育を実現するための教育方法に「伝えあい」がある。それは，「一人の関心をみんなの関心に」，「生活に必要な語いの拡大」，「はなしあいの仕方」という3点の指導を通して，「事実をリアルに把握する感じ方，考え方を，対人関係を通じ，周囲の事物・事象を通して，発展させていくこと」とされる[9]。保育者に求められるのは，子どもが見ているもの，考えているもの，浸っている世界に入っていくこと。さらに，それを他の子どもに伝える（表現する）ように促すことである。伝えあいによって子どもは，自分を受け止めてもらう経験，友だちと同じ気持ちを感じる経験を重ねていく。

　それゆえ他者（友だち）と集団（クラスのみんな）は，子どもの「自己充実」や発達にとって極めて重要である。集団は，教育における環境の一部であり，集団の質が子どもたちの遊びの質や様々な活動の質に大きな影響をもつ。このため，例えば広島保育問題研究会（広島保問研）においては，集団の教育力を重要視し，「集団づくり」を軸として，乳児期から子どもたちの関わりを中心に置いた保育実践に取り組んできている（図6－1）。

　広島保問研では，子ども一人一人の快・不快の感情や「〜したい」「〜して欲しい」という要求を出すこと，またその要求に周りの子どもたちが呼応する関わりが大切にされている。0歳児では，「あう〜」と言い合う姿，まなざし（目線）で交流する姿を見つけて共有していく。1歳児では，自分の欲しいものを友だちに「ちょうだい」と言うこと，そして友だちに「どうぞ」としてあ

*9　この改訂以前の幼児教育の内容は，「健康」「社会」「自然」「言語」「音楽リズム」「絵画製作」という6領域であった。学校教育における「教科」に近い領域名となっていた。

7）　全国保育問題研究協議会「保問研の歩み」．（保問研公式HP https://zenhomon.jp）.

8）　全国保育問題研究協議会「保問研の役割」（保問研公式HP https://zenhomon.jp）.

9）　畑谷光代『つたえあい保育の誕生』文化書房博文社，1968，pp.353－359.

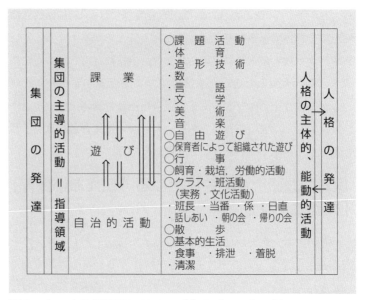

**図6－1　広島保問研における「集団づくり」を軸にした保育の基本構造**

注）　この図は元々，広島保問研に携わってきた教育学者の石川正和によって図示されたものであるが（石川正和『子どもの人格発達と集団づくりの探究』大空社，1994，p.55を参照），広島保問研の保育者（実践家）により現在に受け継がれている。

出典）広島保育問題研究会『本当に認め合って育ち合う保育』新読書社，2017，p.19.

げる経験を重ねながら，友だちやクラスみんなのための「当番活動」へと発展させていく。2～3歳児では「ごっこ遊び」，4～5歳児では友だちと力を合わせて挑む「競争遊び」が展開されていく。これらの活動を通して，「子どもたちが一人ひとりの力を発揮し，知恵と力を重ねながら，子どもたちが自分たちで活動をつくり変えていく経験[10]」を生み出す努力がなされている。

10）広島保育問題研究会『本当に認め合って育ち合う保育』新読書社，2017，p.19.

# 3　世界における教育の内容と方法

　教育という営みには，社会の維持・発展を支えるという側面がある。特に公教育における教育内容には，その国家・社会からの要請が反映される。

　諸外国の動向をみると，特に2000（平成12）年以降，経済協力開発機構（OECD）が大きな影響力をもっている。日本を含む先進諸国は，少子高齢化の中で持続的な経済成長を実現しなければ社会を維持することができない。また，国際経済において遅れを取っていた国々も競争力を高めようとしている。

　これからの国際社会に必要な学力として世界的に注目されているのが，OECDが示す「コンピテンシー」である。1997（平成9）年から2003（平成15）

11）ドミニク ライチェン・ローラ サルガニク『キー・コンピテンシー』明石書店，2006，pp.210-218.

年に掛けた研究プロジェクトでは，「相互作用的に道具を用いる」「異質な集団で交流する」「自律的に活動する」という3つの能力が示された[11]。特に，相互作用的に道具を用いる力の調査としては，2000（平成12）年から3年ごとに「生徒の学習到達度調査」（PISA：Programme for International Student Assessment[*10]）が実施されている。PISAは未来の国際競争力を測る一つの指標として，諸外国の教育改革に大きな影響を与えている[*11]。

さらにOECDは，2018（平成30）年に「Education 2030 プロジェクト」を発表した。2019（令和元）年には，同プロジェクトの中核となる教育ビジョンとして「OECD ラーニングコンパス（学びの羅針盤）2030」を発表している（図6－2）。この図の特徴は，2030 年の「ウェルビーイング」（well-being）への道筋を歩む生徒の「エージェンシー」（agency）[*12]を育てる，という大きな目標が示されている点である。そのためにコンピテンシーは，「新たな価値を創造する力」（Creating new value），「対立やジレンマに対処する力」（Reconciling

*10　同調査は，「義務教育修了段階（15歳）において，これまでに身に付けてきた知識や技能を，実生活の様々な場面で直面する課題にどの程度活用できるかを測る」ことを目的とし，「読解リテラシー」「数学的リテラシー」「科学的リテラシー」の3つの学力，そして学校や生徒各自の学習状況の調査を行っている。（「What is PISA?」, OECD公式HP, https://www.oecd.org/pisa/）

*11　諸外国におけるOECDの影響と幼児教育改革の動向については，泉千勢・一見真理子・汐見稔幸編著『世界の幼児教育・保育改革と学力』明石書店，2008を参照。また世界の幼児教育については，泉千勢編著『なぜ世界の幼児教育・保育を学ぶのか―子どもの豊かな育ちを保障するために―』ミネルヴァ書房，2017を参照。

*12　エージェンシーとは，「自ら考え，主体的に行動して，責任をもって社会変革を実現していく姿勢・意欲」（文部科学省）のこと。

**図6－2　OECDラーニングコンパス（学びの羅針盤）2030**

出典）OECD, *The Future of Education and Skills Education 2030*, 2018.

＊13　各語の日本語訳
は，文部科学省による
訳に従っている。

tensions & dilemmas），「責任ある行動をとる力」（Taking responsibility）の3要素から構成される「より良い未来の創造に向けた変革を起こすコンピテンシー」（Transformative competencies）として再定義されている＊13。

　また教育方法の側面としては，「見通し」（Anticipation）→「行動」（Action）→「振り返り」（Reflection）という学習サイクルが示されている。このサイクルの中で「学びの中核的基盤」（Core foundations）を構成する「知識」（Knowledge），「価値」（Values），「スキル」（Skills），「態度」（Attitudes）の4つを一体的に育てる必要があり，それがコンピテンシーの育成につながる。これらのコンピテンシー概念や学習モデルは，今後，諸外国の教育内容と教育方法にも大きな影響をもつものと考えられる。

　一方で，コンピテンシーを育てることを目指す教育に対しては，「主体的人格の形成」という視点が弱いことが指摘されている12)。また，2017（平成29）年に改訂（定）された「幼稚園教育要領」「保育所保育指針」「幼保連携型認定こども園教育・保育要領」に対しては，OECDに強く影響を受けた「資質・能力」という概念が用いられることで，学校教育への接続が強く意識され，幼児教育の特性と役割が蔑<sup></sup>ろにされる懸念が示されている13)。

12)　安彦忠彦『コン
ピテンシーを超える授
業づくり』図書文化社，
2014.

　教育の目標・内容・方法にある種の"国際標準"が示される中，子ども一人一人に向きあい，発達を保障する教育実践のあり方が問われている。では，何が手掛かりとなるのだろうか。先に取り上げた日本の教育実践に加えて，世界における教育実践をみてみよう。

13)　深澤広明・吉田
成章編『学習集団づく
りが育てる「学びに向
かう力」』渓水社，2020，
pp.62－73.

## （1）フレネ教育（フランス）

　フレネ（Freinet, C., 1896－1966）は，「子どもは自分が役立ち，自分に役立ってくれる理性的共同体の内部で自己の人格を最大限に発展させる14)」という考えのもとに，フランス南部の公立小学校で独自の教育実践を行った＊14。

　フレネは教科書を読む代わりに，屋外での自然観察を行った。また，子どもたちが興味を示しそうな新聞や雑誌を教材に用いた。次いで，そうした身のまわりの事物や子どもの興味のあることについて「自由作文」を書かせ，その作文をみんなで読んだり，「学校間通信」をつくって他の学校と交換した。子どもたちは，生活の中に自分の関心事を見つけ，表現する。また同じ学級の友だちや他学校の子どもの作文を読む。世界を知り，世界を表現するという経験を重ねる中で，子どもたちは自然に読み書きや語彙を習得していく。

　またフレネは，屋外に畑仕事や動物飼育を行う環境を整備し，教室の周辺には印刷室，鉄工室，木工室，実験室，資料室等を配置した。子どもたちは，様々なことを調べながら，自然と格闘し，加工し，様々なものをつくっていっ

**セレスタン　フレネ**

出典）フレネ教育研究
　　会編『フレネ教育法
　　に学ぶ』黎明書房，
　　1986，p.129.

14)　セレスタン　フレ
ネ『手仕事を学校へ』
黎明書房，1980，p.17.

た。そうした「手作業」を通して，子どもたちは自然世界に働き掛ける。そこで思い通りにならなかったり，調べたり工夫したりしながら課題を乗り越える経験を重ねる中で，子どもたちは挑戦することや粘り強さを学んでいく。

　さらにフレネは，人間世界を学ぶことも重視した。「学校協同組合」という子どもの自治組織をつくり，学校のお金や備品の管理，行事の運営等を子どもに任せた。子どもたちは，自分たちで「憲法」をつくり，共同体の一員として役割と責任を担った。そうした他者と交渉しながら共通の利益を探っていく経験を重ねる中で，子どもたちは社会性や協力することを学んでいく。

*14　フレネの教育実践については，セレスタン フレネ『仕事の教育』明治図書，1986やフレネ教育研究会編『フレネ教育法に学ぶ』黎明書房，1986等を参照して欲しい。

# （2）レッジョ・エミリア・アプローチ（イタリア）

　イタリアのエミリア＝ロマーニャ州レッジョ・エミリア市における幼児教育実践も世界中から注目されている*15。その礎を築いたローリス マラグッツィ（1920-1994）は「子どもには百とおりある」こと，「けれど九十九は奪われる。／学校や文化が／頭とからだをばらばらにする」ことへの批判から，芸術を中心に，子どもの個性と創造性を大切にする幼児教育実践を展開した15)。

　そのために特徴的な環境構成がなされる。敷地の中心には，子どもたちや保育者たちが交流する「ピアッツァ」と呼ばれる共通の広場が設けられている。その周辺にある3歳，4歳，5歳の各教室には，様々な芸術活動を行う設備を備えた「アトリエ」と呼ばれる部屋が隣接している。またスタッフは，保育者に加えて，教育の専門家「ペダゴジスタ」と芸術家「アトリエリスタ」がおり，子どもの活動を指導するとともに，保育者の実践を支えている。

　子どもたちは，自分の経験や関心事から「プロジェクト」の計画を立て，2人から5人グループで，数日から数か月掛けて探究活動と芸術活動を行う。見たこと，聞いたこと，感じたことを様々な媒体で表現しながら，友だちや保育者や保護者に説明する。そこで感想や質問をもらい，さらなる探究へと向かう。こうした経験は，子どもたちの世界への関心を広げ，深めていく。また芸術活動を媒介に，世界の様々なこと，他者との違い，自分らしさを発見していく。

　保育者の役割の一つに，子どもの探究活動や芸術活動を写真や動画で細かく記録する「ドキュメンテーション」がある。その活動記録は，教室の壁や学校掲示に張り出され，子どもたちや保護者とも共有され，振り返りが行われる。子どもたちの活動を記録することの意味は，「まさにその子がその子としての有能さを発揮している瞬間を驚きや喜びと共に保育者が捉え，その意味を価値づけること16)」にある。それは子どもの成長を子どもや保護者と喜ぶための記録であり，その教育的な価値を生起させた条件を確認することである。

*15　レッジョ・エミリア・アプローチについては，佐藤学監修，ワタリウム美術館編集『驚くべき学びの世界―レッジョ・エミリアの幼児教育』東京カレンダー，2011，「特集 なぜいまレッジョ・エミリアなのか」発達，2018年秋号，pp.2-78を参照して欲しい。

15)　レッジョ・チルドレン著，ワタリウム美術館編，田辺敬子他訳『子どもたちの100の言葉』日東書院本社，2012，p.5.

16)　秋田喜代美「なぜいま，あらためてレッジョ・エミリアか」発達，2018年秋号，p.5.

以上，ここまで教育実践の基礎理論，日本，及び世界における教育の内容と方法についてみてきた。

OECDによって教育の"国際標準"が示されつつあるものの，教育の出発点は国際経済や国家・社会ではなく，子どもの生活や現在の姿に置かれなければならない。特に人間の発達において乳幼児期は極めて重要であり，幼児教育は学校教育に対して固有の役割をもっている。本章で取り上げた日本や世界の教育実践は，子どもたちに豊かな発達を保障する手掛かりを示している。

どんな教育実践にも，実践者である「その教師なりの教育学[17]」が表れる。教育の内容と方法は，子ども理解から選択されるが，子ども理解のあり方も「その教師なりの教育学」に規定される。本章で取り上げた教育実践にも，子どもを理解し，教育の内容と方法を選択するための哲学があった。教育の内容と方法を考える上では，その哲学こそが重要なのである。

17）深澤広明編著『教師教育講座 第9巻 教育方法技術論』協同出版，2014，p.14.

## ● 演習課題

**課題1**：子どもの「発達課題」について調べてみよう。

**課題2**：本章で取り上げた教育実践について，自分が気になったものを調べてみよう。

**課題3**：教育が子どもに保障しなければならないものについて考え，話し合ってみよう。

---

### コラム　　教育が子どもに保障しなければならないものとは

2020（令和2）年，新型コロナウイルスの感染が世界中で拡大した。この状況下で，教育の現場に立つ実践家たちは，感染予防に細心の注意を払いながら，子どもの生活と発達に必要なものを保障する努力を重ねている。

例えば，私が知る保育士は，生活発表会の内容をどうするか，また保護者に子どもの成長をどう伝えるかに頭を悩ませていた。小学校教師たちは，「三密の回避」という制限の中で，子どもたちが心理的につながる方法を模索し，安心できる学級づくりに努めている。学童保育の指導員たちは，家庭や学校での出来事やコロナ禍でのストレスについて子どもの話をよく聞くとともに，異学年で豊かに交流できる遊びを通して，放課後の居場所づくりに努めている。

大人が子どもを見守ること，子どもの話をゆっくりと聞き，対話すること。子どもの居場所は子ども集団にならなければならないということ，子どもは遊びや友だちとの関わりを通して育つということ。このような実践家の努力は，コロナ禍の前から，教育の現場で大切にされてきたことではある。しかし，人と人との直接的な接触を遠ざけるウイルスの蔓延により，上記のような，これまで教育が子どもに保障してきたものが失われてはいないだろうか。それはコロナ禍が去れば，簡単に回復されるものではない。コロナ禍であるからこそ浮かび上がってきた，教育が子どもに保障しなければならないものを，我々はいま，問う必要があるのではないか。

# 第7章　教育の計画，評価，実践，省察を考える

　例えば旅行の計画を立てるとき，最初に思いを巡らせるのはどんなことだろう。おそらく「どこへ行こうか？」「行き先にはどんな楽しいことがあるだろうか？」ということを考えるだろう。教育の計画を立てるときも同様に，「教育の目的はどこにあるだろうか？」「その目的を達成すると子どもたちにはどんないいことがあるだろうか？」といった教育の目的や結果を想定する必要がある。教育の目的は第1章で学んだので，ここではその目的へ辿り着くための計画と評価，実践と省察について学んでいこう。

## 1　教育の計画と評価

### （1）学習指導と学習評価

　本章では，評価を指導に活かすという視点を理解するために，まず評価に関する説明から始める。

　学校の教育活動における根幹は，「学習指導」と「学習評価」である。この指導と評価を一体化させるためには，一人一人の学びを振り返り（評価），教師が自らの指導を振り返り（省察），授業の改善に活かす（計画）サイクルが大切である（図7－1）。学習の評価は，児童生徒の学習改善に繋がるもの，教師の指導改善に繋がるものの2点を基本として行われる。また，評価の折には，これまで慣行として行われてきた評価方法であっても，必要性や妥当性が認められないものについては，見直していく必要がある。

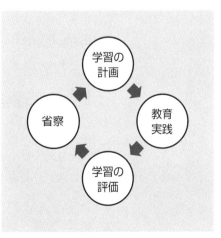

図7－1　学びのサイクル

学習の評価の種類には，設定した目標をどれだけ達成できたかという視点で評価する「絶対評価」と，学級または学年における位置付けをみる「相対評価」，一人一人のよい点や進歩状況を評価する「個人内評価」がある（表7－1）。

**表7－1　評価の種類**

| 評価名称 | 評価するもの | 評価の一例 |
|---|---|---|
| 絶対評価 | 学習指導要領に示す目標に照らし，各学校で設定した評価基準*1に対する実現の状況をみる。 | 目標100回の縄跳びに対して，何回跳ぶことができたかを評価する。 |
| 相対評価 | 各学校の学級または学年といった集団における位置付けをみる。 | クラスの中で，どれだけ縄跳びを跳ぶ回数が多かったか，その順位で評価する。 |
| 個人内評価 | 評価や評定では示しきれない子どもたち一人一人のよい点や可能性，進歩の状況をみる。 | 活動当初と比べて，その子どもがどれくらい縄跳びを跳べるようになったか，どれくらい練習したかを評価する。 |

出典）文部科学省「平成30年教育課程部会児童生徒の学習評価に関するワーキンググループの資料」より筆者作成.

*1　評価基準が，量的であり数値で示すことが可能な評価である一方，評価規準とは，学習指導要領の目標に基づいて，子ども（文部科学省の統一表記では正しくは「子供」と記載される）たちが，自ら獲得し身に付けた資質や能力の質的な面を評価するための規範である。

現行の学習指導要領においては，各教科についてこの絶対評価を基本とし，観点別の学習状況の評価と総括的な評価の評定に分けて実施することと明記されている。また，個人内評価についても総合所見，及び指導上参考となる諸事項等において評価することとなっている。その背景には，児童生徒一人一人の学習の定着を図るため個に応じた指導を行うこと，学校が組織として教育活動を改善していくことを重視する考え方がある。

観点別学習状況の評価では，学力の3要素（知識・技能，思考・判断・表現，主体的に学習に取り組む態度）を3つの観点とし，各教科を通じてA，B，Cの3段階で評価する。これらの評価にあたっては，ペーパーテストのみならず論述やレポート作成，発表やグループ活動等，評価方法を工夫する必要がある。また，評定の妥当性や信頼性が高められるような工夫も必要である。例えば，評価規準*1や評価方法等について事前に教師同士で検討する，評価に関する実践事例を蓄積し共有する等，学校として組織的かつ計画的に評価の評定に取り組むことが大切である。

## （2）幼児理解に基づいた評価

就学前の幼児に対する評価については前述した学習の評価と同様に，幼児教育の一般的なプロセス（図7－2）において，幼児の発達理解（幼児理解）と，それに応じた教師の指導改善（省察）が，幼児教育の充実を図るために必要とされる。

幼児教育では，目の前の幼児の姿（幼児理解）からねらいと内容を設定し，それに基づいて環境を構成する（保育計画）。幼児が環境に関わって活動を展開

し，保育者（幼稚園教諭・保育士・保育教諭をいう）はその活動を通して幼児の発達に必要な経験を得られるよう援助する（保育実践）。そして保育者は，自身の行った環境設定や援助が，予め設定したねらいを達成できたかを振り返って考え（省察），そのときの幼児の姿（幼児理解）から新たにねらいと内容を再設定する。これらの幼児教育は，幼稚園教育要領・保育所保育指針等に示されている「幼児期の終わりまでに育ってほしい姿」を目指して行われている。ただし，この「幼児期の終わりまでに育ってほしい姿」は，その言葉通り「育ってほしい」という保育者の願いであり，子どもに強制するものでも，子どもが望ましい姿に育っているかいないかと優劣をつけるためのものでもなく，保育者が子どもたちを導くことができているかを振り返って考えるための道標である。

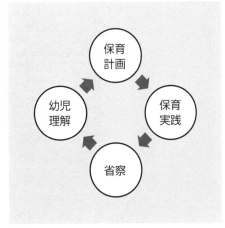

**図7-2　幼児教育のプロセス**

　幼児教育において評価を行う際の基本的な姿勢としては，保育者との温かい関係を基盤に幼児を肯定的にとらえること，長期的な視点で発達をとらえること，児童期の教育も理解し，幼児教育を小学校教育へ繋げる視点をもつことが大切である。

# （3）学校評価

　教育の評価にはその他にも，各学校が自らの教育活動，その他の学校運営について目標を設定し，その達成状況や達成に向けた取組の適切さ等について評価する学校評価がある。学校評価の形態には，各学校の教職員自身が自分を評価する「自己評価」，保護者や地域住民等の学校関係者から構成された評価委員会等が自己評価の結果について評価する「学校関係者評価」，外部の専門家による教育活動その他の学校運営の状況について専門的視点から行う「第三者評価」がある。また，幼稚園の教育活動を評価する際には，幼児期にふさわしい生活が展開されるようにすること，遊びを通しての総合的な指導が行われるようにすること，一人一人の特性に応じた指導が行われるようにすることを十分配慮した上で，適切に評価しなければならない。

# （4）教育の計画とその種類

## 1）小学校教育の計画

　学校教育法施行規則において，教育課程は，国語，社会，算数，理科，生活，音楽，図画工作，家庭，体育及び外国語の各教科，特別の教科である道

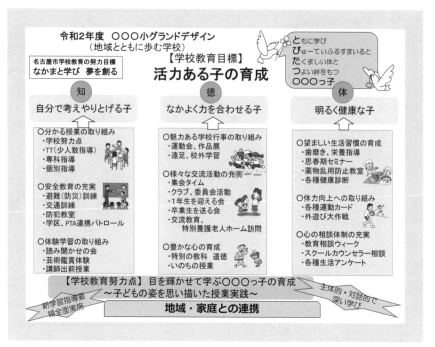

**図7－3　名古屋市公立小学校ウェブサイトに掲載されている教育課程例**

徳，外国語活動，総合的な学習の時間並びに特別活動によって編成することとされている。また，各教科等の目標や指導内容は，学年段階に則した形で小学校学習指導要領に示されている。この小学校学習指導要領は，2017（平成29）年に改訂され，学校だけでなく家庭や地域の関係者もこの学習指導要領を「学びの地図」として活用できるよう，「社会に開かれた教育課程」の実現を目指している。例えば名古屋市の小学校では各学校にウェブサイトがあり，そこには教育課程の基本となる事項を家庭や地域と共有できるよう，学校教育目標実現に向けた学校経営方針や重点目標をグランドデザインとして示し，公開している（図7－3）。各学校ではこのように教育課程を軸として，組織的かつ計画的に教育活動の質の向上を図っていくこと（カリキュラム・マネジメントという，p.127参照）を行い，学校教育の改善と充実を目指している。

### 2）幼児教育の計画

　幼児教育の計画には，全体的な計画と指導計画がある。全体的な計画では，教育課程を中心に据え，教育課程に係る教育時間の終了後等に行う教育活動（通称：預かり保育）の計画や，学校保健計画，学校安全計画，食育計画等の計画とも関連させながら一体的に教育活動が展開されるよう計画する。

　指導計画は，全体的な計画に基づいて作成され，年間計画のような長期計画

から，週案や日案のような短期計画がある（表7−2）。

　指導計画を作成する際の留意点として，幼児一人一人の実情を踏まえて具体的に作成すること，環境の構成や保育者の援助等の指導内容や方法まで詳細に記載することが求められる。書式は様々あり，例えば時系列に指導計画を記載する書式や環境構成を中心に据えた書式等がある。学級全体による一斉保育を行う場合，好きな遊びを主体とした保育を行う場合によって，これらの書式は使い分けられる。

**表7−2　指導計画の種類と内容**

| 幼児教育の計画 | | 指導計画の内容 |
|---|---|---|
| 長期計画 | 年間計画 | 教育課程に即しながら，1年間の生活を見通して立てる指導案。 |
| | 月　案 | 年間計画を具体化し，1か月の生活を見通して立てる指導案。季節等も考慮して立案する。 |
| 短期計画 | 週　案 | 1週間を継続的に見通して立てる指導案。 |
| | 日　案 | その日の保育の展開について，登園から降園までを生活時間を軸に，細分化して立てる指導案。 |

筆者作成.

# 2　教育実践と実践の記録

## （1）教育実践の例

### 1）小学校教育の実践事例

　小学校の教育は義務教育であり，日本全国どこの小学校に入学しても一定の教育を受けられるよう，その質は担保されなければならない。その上で，各学校の特色に応じて，教師は創意工夫しながら教育を行う必要がある。例えば和歌山県橋本市の小学校では，防災プログラムとして第6学年で1泊2日の防災キャンプを行っている[1]。この活動により，子どもたちは防災に対する知識だけでなく，経験したことについて思考を深めることにより，実践力も身に付けることができる。

　このような教育実践事例は，各自治体の教育委員会がウェブサイトに公開しているものもあるので，調べてみるといいだろう。

　このように教師には指導する教科目に関する知識が豊富であるだけでなく，子どもの興味・関心や学習状況，これまでの経験に基づいて教科内容を教授す

1）　今西　武・此松昌彦「小学校の防災キャンプで行った防災教育プログラムの実践−和歌山県橋本市の事例」和歌山大学災害科学教育研究センター研究報告，第3巻，2019，pp. 32−37.

るための知識も求められる。

### ２）幼児教育の実践事例

　幼児の教育は環境を通して行われる。写真７－１は，ある幼稚園の園庭に設置された環境である。じょうろ，おたま，計量カップ，皿，お椀といった様々な道具が，それぞれ片付けやすいように写真付きのかごの中に納まっている。写真７－２は，保育者が設定したこれらの玩具を用い，遊びが展開されている様子である。少し水を含ませた砂が型抜きされ，花で飾りが付けられている。

　写真のような環境構成は園庭でよくみられる何気ない光景である。しかしこれらは，保育者が前日までの子どもの姿からねらいを立て，そのねらいが達成されるように構成した環境であり，計画の上で実現されている保育の光景である。例えば，たくさんの子どもがその遊びへ参加したい様子がみられた場合に，保育者は遊ぶ場所を広げたり，椅子の数を足したり，玩具の量を増やす。型抜きに興味がある姿から，型抜きとして利用できる道具に丸だけでなく円錐や正方形等の他の形も取り入れる。花や葉を使う様子から，園庭を掃除する際にも落ちている木の実や葉等はそのままにしておく。また，保育者はただ環境を構成するだけでなく，人的環境として子どもと一緒に遊んだり，子どもの気付きを支える言葉掛けをしたり，子ども同士のやりとりを支えたりすることで，子どもたちの遊びが展開され，その日の保育のねらいが達成されるよう援助を行う。

写真７－１　園庭に設置された環境構成　　写真７－２　遊びが展開されている様子

## （２）実践記録の種類

### １）ポートフォリオ

　ポートフォリオとは，子どもたちのこれまでの学びを１つにまとめ，可視化した記録様式のことをいう。就学前教育であれば，子どもたちが描いた絵や作

写真7－3　子ども自身も活動を振り返る
　　　　　　ことができる環境

写真7－4　ヒトデ標本を作るまでの
　　　　　　ポートフォリオ

った作品，活動している様子の写真や保育記録等を1つにまとめる。小学校以
上の教育では，児童生徒がそれぞれの授業で作成した課題やテスト及びそれら
の成績等を1つにまとめる。

　写真7－3及び7－4は，認定こども園においてクラスの子どもたちの活動
を子どもたち自身も振り返ることができるよう，保育者が作成したポートフォ
リオの例である。この園は瀬戸内海に近い場所にあり，園外保育として海岸へ
日常的に出掛けている。子どもたちは干潮の海岸で魚やカニを見つけたり，ヒ
ジキやワカメ等の海藻や貝殻，シーグラス*2を拾ったりして楽しんでいる。あ
る時，子どもたちは海岸でヒトデを捕まえて園で飼育することにした。このポ
ートフォリオには，ヒトデを飼育するところから，そのヒトデが亡くなり標本
になるまでの子どもたちの気付きや学びが写真と共に書き込まれている。

　また，この園ではポートフォリオを廊下に貼り出してあることで，子どもた
ち自身が活動を振り返ることができるだけでなく，子どもの送迎時に保護者も
その内容を確認することができる。このポートフォリオによって，子どもたち
の園での活動や学びは可視化され，保護者や子どもと保育者との対話のきっか
けにもなっている。

*2　シーグラス
　海に捨てられた瓶等
の割れたガラス製品
が，波の力によって丸
みを帯び，石のように
自然に加工されたも
の。

## 2）エピソード記述

　エピソード記述とは，鯨岡峻が提唱した保育実践の記録方法である[2]。児童
票や日誌といった従来の客観的な記録方法とは異なり，保育者である「私」と
子どもとの日常の一コマを「あるがまま」に記述する方法である。特徴的な記
述方法（図7－4）としては，実際に起こった事実とそれに関する考察は分け
て書くこと，書き手である主語は「私」と表記することがあげられる。エピソ
ード記述の利点は，子どもの心の育ちや動きをとらえ，振り返りの基となるこ
とである。

2）小田 豊・山崎晃
監修,七木田敦他編集
『幼児学用語集』北大
路書房，2013，p.114.

| 年　月　日（　） | 天気 | | 対象児（月齢） |
|---|---|---|---|
| **タイトル**<br>　このエピソード記述から，読み手に何を伝えたいのかが伝わりやすくなるよう，タイトルを付ける。 | | | |
| **背　景**<br>　エピソードが生まれるまでに至るその背景について書く。 | | | |
| **エピソード**<br>　ここには実際にあった出来事を「あるがまま」に記入する。子どもの表情や行動等が読み手に伝わるよう意識しながら具体的に描写する。 | | | |
| **考　察**<br>　なぜこのエピソードを取り上げたのか，書き手が心を動かされたことや，考えたことを書く。 | | | |

**図7－4　エピソード記述の書き方例**

出典）鯨岡 峻『子どもの心の育ちをエピソードで描く－自己肯定感を育てる保育のために－』ミネルヴァ書房，2013を参考に作成.

# 3 教育の省察

## （1）教育の原理と実践の橋渡し

　保育者や教師は資格免許が必要な専門職である。そのため日本を含む多くの国では，保育者や教師を志す者は養成課程で保育や教育について学びを修める必要がある。保育者や教師に求められる専門的知識には，科学的根拠に基づいて論じられる学問知（理論）があるが，もう一つ，授業実践を通して獲得される実践知がある。保育や授業の中で起こり得る出来事は日々異なっており，養成課程でこれら全ての状況に対応する能力を養成することは不可能である。そこでケッセルズとコルトハーヘン（Kessels, J. & Korthagen, F.）は，学問知（理論）と実践知を相互補完の関係にあるととらえ，学問知があるからこそ問題を認識でき，実践知によってその問題に対処することができると唱え，理論と実践の不一致を架橋した。

## （2）省察の方法について

　コルトハーヘンは，教師が省察を行う際にただ漠然と振り返りを行うのではなく，8つの視点を窓として用いる重要性を提示している。その8つの窓とは，① 私は何をしていたのか？，② 私は何を考えていたのか？，③ 私はど

んな感情をもっていたのか？，④　私は何をしたいのか？，⑤　子どもは何をしていたのか？，⑥　子どもは何を考えていたのか？，⑦　子どもはどんな感情をもっていたのか？，⑧　子どもは何をしたいのか？，である[3]。また，コルトハーヘンはこれらの視点を使って省察する理想的なプロセスをALACTモデルとして提唱している。

　ALACTモデルの諸相について，コルトハーヘンは自著の中で教育実習生と生徒のやりとりを通して具体例に説明している。一向に課題に取り組む様子のない生徒に対して，教育実習生は「この生徒は勉強から逃れようとしている」と感じ，授業中，「あなたは残念な結果に終わるでしょうね」とその生徒に言った（Action：行為）。この言葉が生徒に与えた影響について振り返るよう実習指導者に問われた実習生は，「自分の苛立ちが生徒の苛立ちの原因になっていたかもしれないこと」「生徒が課題に取り組む意思を一層削いでしまったこと」に気付く（Looking back on the action：行為の振り返り）。コルトハーヘンが提唱する省察方法において鍵となるのは，授業や子どもとのやりとりにおいて抱く教師自身の感情を否定するのではなく，自分で理解し認めた上で（Awareness of essential aspects：本質的な諸相への気付き）振り返りを促す点である。そして振り返りの際には，理論やガイドラインといった学問知を改めて学び直した上で，他にふさわしい方法はなかったかを考える（Creating alternative methods of action：行為の選択肢の拡大）。この場合，教育実習生は，生徒との悪循環を断ち切るために生徒に対して共感的な態度を示すためのガイドラインを取り入れ，生徒の実情と自分の感情や衝動とを比較して検討した。そしてまずは生徒の考えを聴くことから始めることを試み（Trial：試み），生徒に対してより肯定的で共感的なアプローチに変化していった[4]。

3）フレット　コルトハーヘン，武田信子監訳『教師教育学-理論と実践をつなぐリアリスティック・アプローチ』学文社，2010，pp.53-55.

Korthagen, F., *Linking Practice and Theory - The Pedagogy of Realistic Teacher Education*, London: Routledge, 2001.

4）　3）と同じ.

## ● 演習課題

**課題1**：これまでに自分が受けてきた学校教育の評価を振り返ってみよう。小学校1年生から現在までの自分を観点別学習評価の視点で評価し，総合所見を書いてみよう。

**課題2**：現在の自分の姿と，理想とする教師の姿を照らし合わせてみよう。自己を振り返ったとき，理想の教師に近づくためにはどのような改善が必要だろうか。皆で話し合ってみよう。

**課題3**：課題1と課題2を併せて，自分のポートフォリオを作ってみよう。

### ●参考文献

中坪史典編『子ども理解のメソドロジー－実践者のための「質的実践研究」アイディアブック』ナカニシヤ出版，2012.

文部科学省「幼稚園における学校評価ガイドライン」2011.
文部科学省「幼児理解に基づいた評価」2019.
文部科学省中央教育審議会「児童生徒の学習評価の在り方について（報告）」2019.

## コラム　　先生ってどんな人？

　教育学を学ぶ皆さんの中には，教師を志している人もいることでしょう。私もそんな学生の一人でしたから，皆さんと同じように『教育原理』の授業も履修してきました。今でも覚えているのですが，授業担当の教授が最後に出したレポート課題は，「教師とはどうあるべきか論ぜよ」というものでした。皆さんなら，この問いにどう答えますか？ 私が学生当時，実は教師の不祥事が相次いでおり，私は「教師も人間だからというのは言い訳だ。先生と呼ばれる職種に就く者は聖人であるべき」というような内容のレポートを書きました。文章を書くのは得意でしたから，それも相まってA評価をもらいましたが，私自身は「全てを人のためにし，己にはなにものも求めず」といったペスタロッチーのような聖人でもありませんから，なんだかばつの悪いような気持ちがしました。

　同じような質問を，8歳の私の子どもに「学校の先生には，どんな人がなれると思う？」と尋ねてみました。すると，自分の担任教師を想像しながらこう答えました。「勉強が上手で，皆に色々なことを教えることができる人。私の先生ね，今も大学に行ってて，算数の研究をしているんだって。あとママみたいに怒ると怖いけど，優しい人。それと楽しいことをよく思い付く人！　運動ができるし，学校のこともよく知っている人。それと我慢ができる！　先生は暑くても我慢して授業しているから，我慢ができる人。それから，けがした子の手当をして，廊下を走ってはいけないよとか，授業中に勝手に外に出てはいけないよと，皆に正しいことを教えられる人」。続けて校長先生についても「校長先生は毎日，新聞を読むよ。地域の情報をよく知っていて，皆が危なくないように教えてくれる。職員室にかかってくる電話に出たり，校外に出て地域の人にも挨拶したりもするよ。あんまり校長室にいることはなくて，子どもの心配をして，みんなを見守っている。教室や廊下等を見回って，授業を観て，休み時間には運動場でみんなが暑くないかな？　と見ているよ」と教えてくれました。子どもの視点からみた教師の姿は，努力したり，我慢したり，心配したり，怒ったり，喜んだりと人間らしさに溢れていました。そして驚くほどに子どもは，先生の諸所を見て感じて，心の内で評価しています。

　皆さんはこれまでにどんな教師に出会ってきたでしょう。そしてどんな教師になりたいと思いますか？ 今，考えていることと，実際に教師になってから感じることはまた違うかもしれません。そして教師となった暁（あかつき）には，今度は子どもから評価される番になります。ぜひこの機会に，教師とはどうあるべきか考えてみてください。

# 第8章 子どもが育つ環境を考える

　人は周囲の環境と関わりながら生活しており，子どもが育っていく上でも環境との関わりは重要である。本章では，子どもにとっての身近な環境とは何かを考えた上で，特に自然環境や社会環境についての理解を深めながら，教育及び保育の場で，子どもの生活や学習においてどのような環境をつくっていくことが必要かを考えていく。

## 1　子どもにとっての身近な環境

### （1）子どもにとっての身近な環境とは

　皆さんにとっての身近な環境とは何だろうか。家族や友人等，毎日顔を合わせるような人々，自分の部屋や毎日通う教室等の空間，スマートフォンのような生活必需品等，何を想像するかは様々だろう。それは現在だけでなく，自分が育ってきた軌跡を思い返しても同様だといえる。人生のその時その時によって，関わりが深い人や空間は変化するものの，人間は，様々な環境と関わりながら育っていくのである。何が身近な環境なのかについては，自分との関係性からとらえられるだろう。

　ブロンフェンブレンナー（Bronfenbrenner, U.）によれば，子どもを取り巻く環境は4つのシステムでとらえられる[1]。家庭等，日常的に直接関わりのある活動や役割，対人関係のパターンの「マイクロシステム（microsystem）」，家庭と就学前施設（幼稚園，保育所，認定こども園をいう）や，家庭と近所の友だち等，マイクロシステムに含まれる2つ以上の関係性の「メゾシステム（mesosystem）」，保護者の職場やきょうだいの通う学校等，直接参加していないが自分（子ども）が直接参加している家庭や就学前施設に影響を及ぼすものやそれらの繋がりを指す「エクソシステム（exosystem）」，そしてマイクロ・メゾ・

1）ユリー ブロンフェンブレンナー，磯貝芳郎・福富 護訳『人間発達の生態学（エコロジー）：発達心理学への挑戦』川島書店，1996, pp.3-46.

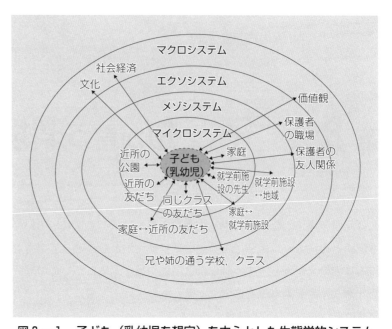

**図8－1　子ども（乳幼児を想定）を中心とした生態学的システム**

出典）開 一夫・齊藤慈子編『ベーシック発達心理学』東京大学出版会，2018，pp.3-17
　　　を参考に筆者作成.

エクソシステムに一貫して存在する価値観や文化等を「マクロシステム（mac-rosystem）」という。これらの4つのシステムは，マトリョーシカのような入れ子構造でとらえられる（図8－1）。子どもを中心に据えた際に，直接的に関わるものから間接的に影響を受けるものまで，より大きな概念で子ども自身と周囲の環境との関係性をとらえる構造である。図8－1中の矢印が示すように，自分（子ども）が周囲の環境に影響を受けるだけでなく，相互に関わりあうことによって子どもが育つと考えられている。

　身近な環境というと，子ども自身が直接触れるマイクロシステムの範囲がとらえられやすいが，子ども自身が直接関わる環境に影響を与えるメゾシステム，エクソシステム，マクロシステムが存在する。

　そして，このシステムは，それぞれの人生の場面によって変わっていく。図8－1では乳幼児を想定して例示したが，この子どもが兄や姉と同じ小学校に入学すると，それまでエクソシステムに位置していたものがマイクロシステムに位置するようになり，妹や弟が誕生すれば，マイクロシステムも変容する。

## （2）身近な人との関わり

　身近な環境としての「人」に着目してみよう。子どもは幼少期の大半を，家

庭を中心とした関係の中で過ごす。母親（母体）から誕生後，生まれたばかりの赤ちゃんは，生命の維持に必要である母親[*1]等の養育者との相互作用を通して，きずなを結ぶ。こうした関係は，愛着（アタッチメント）と表現される[2]。例えば，泣き叫びやほほえみといった行動は，養育者との相互作用を増大させ，相互の接近を維持することに繋がる。成長に伴い愛着行動は変化するが，愛着の対象となる大人がそばにいる安心感から，広範囲の環境に関わるようになっていく。

自分自身による移動や言葉を通したコミュニケーションをするようになる等，成長・発達していくにつれて母親以外の家族との関わりも増え，就学前施設での生活が始まる。そうすると，保育者（幼稚園教諭，保育士，保育教諭をいう），同じクラスの子ども，他のクラスや他の年齢の子どもとの関わりも増えていく。一緒に遊ぶ中で喜びを共有したりけんかをして気持ちに折り合いをつけなければならなかったりすることを経験するのである。

小学校に入学すると，日常的に接する人が変わり，同級生や担任の先生との関わりが増える。学年が上がればクラブ活動や委員会活動で出会う上級生や下級生との関わりもあるだろう。また，通学路で見守ってくれる地域の人とも毎日挨拶を交わす関係になる等，自分（子ども）にとっての身近な人は常に変容し，次第に「身近」の範囲が広がっていく。

# 2　子どもが育つ自然環境

私たちの住む日本は，いうまでもなく海も山も豊かで季節の移ろいも美しく，私たちは自然の恩恵を受けた生活を送っている。一方で，自然災害とも隣り合わせであり，大人にとっても子どもにとっても，生きていく上で自然との関わりは切り離すことはできない。本節では子どもの育ちと自然環境の関係について考える。

## （1）　重視される自然体験

教育の場において，子どもの育ちにとって自然との関わりは重要な体験として位置付けられている。「幼稚園教育要領」，「保育所保育指針」，「幼保連携型認定こども園教育・保育要領」のいずれにおいても，第1章「総則」の「幼児期の終わりまでに育ってほしい姿」や，第2章の内容「環境」において，自然との関わりに関する事項がある。子どもが身近な自然に触れる中で，その美しさや不思議さ等に気付く体験をすること，自然への愛情や畏敬（いけい）の念をもつこと，身近な動植物との関わりから命を大切にする気持ちを育むこと等が重要だ

＊1　愛着（アタッチメント）理論を唱えたイギリスの精神科医ボウルビィは，たびたび愛着の対象者としての「母親」について，「母性的人物」という表現を用いている〔下記2）の文献参照〕。母親という表現が一般的ではあるものの，生みの親というより，子どもに対して母親のように子どもを育む人，子どもが愛着をもつようになる人に対する意味合いを重視するためである。（これを踏まえれば，現代社会において乳児期の頃より関わる時間の長い保育者もまた，子どもと愛着を結ぶ関係にあると考えられる）。

2）Bowlby, J., *Attachment and Loss, Vol.1 Attachment*, London : Hogarth, 1969.

ジョン ボウルビィ，黒田実郎・大羽蓁・岡田洋子訳『母子関係の理論Ⅰ：愛着行動』岩崎学術出版社，1976.

とされる。

　学校教育においても同様であり，「小学校学習指導要領」総則には，児童が生命や自然について実感しながら理解できるように生活科，総合的な学習の時間，特別活動だけでなく，各教科の特質に応じた学習活動が重要であると記されている。地域と連携して取り組む放課後や土曜日等の学習・体験活動においても自然と関わる体験は実施可能だろう。また，学校内にとどまらず，地域が中心となった自然体験活動もある。国立青少年教育振興機構や各自治体が主催する行事等，社会教育の文脈でも広く取り組まれている。

　近年では，SDGs（Sustainable Development Goals：持続可能な開発目標，p.116の側注＊3を参照）が掲げられ，国境を越えて自然環境の重要性が訴えられている。SDGsは，"Goals"と示されるように，国連で採択された2016（平成28）年から2030（令和12）年までの国際目標である[3]。持続可能な世界を実現するための17の目標の中には，自然環境に関する問題も含まれ，生態系の回復，気候変動等が取り上げられる。このように，自然環境との関わりの重要性は子ども期に限定されず，また，地球規模の視点においても重要なものである。子どもたちが自然と親しみながら育つ中で，どのように自然と共生するか，そしてどのようにこの自然を持続させるかを考えていく必要があるだろう。

## （2）　今の子どもたちと自然環境

　子どもにとっての自然との関わりの重要性については前述の通りだが，実際はどのようになっているのだろうか。現在では，子どもたちが自然の中で豊かな体験をすることの難しさや乏しさはもちろん，その保護者世代も子ども時代に自然との関わりが乏しかったことが合わせて指摘される[4]。これは，都市部特有の課題ではなく，自然豊かな土地でも，子どもの自然体験が豊かとは言い難い現状がある。木登りは落下の危険性，緑の多いところでは虫刺されやかぶれの危険性，ハチやヘビ等が生息している可能性があるとの理由から，大人に禁止されることも多いためである。かつては地域においても異年齢の子どもが共に遊び，年長者が年少者にそれらのリスクの可能性や回避する方法が伝えられていたが，塾や習い事等で子どもたちが忙しくなったこと含め，自然が身近にあったとしても遊べないのである。

　このような現状の中，就学前施設では子どもが自然と触れ合うことや親しむことを重視し，自然を取り入れた遊びを行っている。例えば，植物を使った遊びやドングリ等を用いた創作活動，虫取り，植物の栽培や生き物の飼育，砂遊び，芋掘り，散歩等があげられる（写真8-1，8-2）。他方，こうした自然との関わりがある場合には，保護者による心配の声や子どもの体力不足，保育

3）国際連合広報センター．2030アジェンダ．

4）国立青少年教育振興機構「幼稚園・保育所等での自然体験等に関するアンケート」青少年教育研究センター紀要．7，2019．pp.111-114.

写真 8 − 1　たまねぎの収穫，うんとこしょ！

写真 8 − 2　雨の日のお散歩，水たまり楽しいね

者や教員自身の体験不足や能力不足があることもまた，子どもへの自然体験の提供において課題となっているという[4]。子どもにとっての自然体験の重要性と実施可能性の溝をいかに埋めるかを考える必要があるだろう。

# 3 子どもが育つ社会環境

　本節では，子どもを取り巻く社会環境との関わりを考える。社会環境とは，主に文化や慣習等，人々の営みによってつくりだされるものである。子どもが長時間過ごす家庭や学校・就学前施設は，地域の中に位置し，家庭と地域との関係，学校・就学前施設と地域との関係は子どもの育ちに影響する。また，もはや私たちの生活に欠かせなくなった情報機器は，子どもにとっても身近なものである。以下では，社会環境の中でも地域と情報環境との関わりについて考えていく。

## （1）　地域との関わり

　子どもの育ちにとって，地域との関わりは，家庭や就学前施設，学校とは異なる人々と出会う場であり，日々の生活で直接的に関わることは少ないが，欠かせないものである。近所に住む友だちや友だちの家族，お向かいに住む○○さん，大きい犬を飼っている△△さん等，よく知っている人からなんとなく知っている人たち，さらには地域の公園や図書館，科学館等の施設も，子どもが育っていく際の社会的資源となる。また，地域に根ざす伝統芸能を学ぶこと，地域のお祭りに参加する中で土地の文化を体験することもある。どのような地域に住むかによって，どのような文化や伝統，施設があるところなのか，地域との関わり方は大きく異なり，何を経験するかも異なってくる。

　少子高齢化の進行等の社会，経済の変化に伴い，子どもや家庭を取り巻く社

会環境は大きく変化している。また，核家族等の小さな世帯で子育てをする家庭が増加している。児童福祉法（第2条）にも規定されているように子育ての第一義的責任はその子どもの保護者にあるが，社会全体で子どもを育てることが求められていることから，子育て世帯を支援する事業や活動は盛んになっている。加えて，近年では，地域社会が家庭や学校以外の子どもの居場所づくりも積極的に行っている。

　例えば，乳幼児期の子どもをもつ家庭では，子育て支援センター（地域子育て支援拠点）での相談や同年齢の赤ちゃんをもつ保護者同士の交流，自治体主催の子育て講座への参加等があげられる。子どもの居場所というよりも，子を育てる保護者の居場所であるともいえるだろう。子どもが小学校に入学すれば，小学校の空き教室や児童館，公民館等での放課後児童クラブや放課後子ども教室等もあり，放課後の居場所の一つとなる。地域でのスポーツクラブや習い事等も同様に学校や家庭以外の居場所といえるだろう。加えて，NPO法人（特定非営利法人）や自治体，企業，地域住民等によって，無料または安価で子どもたちに食事を提供する子ども食堂が増加している。貧困家庭に限らず子どもが家で一人きりでご飯を食べる「孤食」も増えている中で，食事提供にとどまらず，子どもと子ども，子どもと大人のコミュニケーションの場となり，地域住民の目が届く所で食事をすることが可能となる。他方で，生活困窮家庭の子どもや保護者に来てもらうことが難しいこと，運営費の確保やスタッフの負担等については課題となっている[5]。以上のような地域における子どもの居場所も，子どもが育つ場所といえるだろう。

## （2）　情報環境との関わり

　自然体験が減少する一方で，私たちの生活においてテレビ，パソコン，タブレット等の情報環境との関わりは増加し，日常となっている。大人だけでなく，子どもにとっても情報環境との関わりは身近なものである。1965（昭和40）年頃から子どもの遊び場は外から内への移行が始まったというが，それは，遊び場を繋いでいた道を車が通ることで遊びにくくなっただけでなく，テレビが一般的になったためでもあるという[6]。その後も1980年代のテレビゲーム，1990年代のパソコン，2000年代の携帯電話，2010年代のスマートフォンと身近な情報環境は進化し続けている。21世紀生まれの子どもたちにとって，電子メールやSNS（Social Networking Service）等の媒体を通したテキスト・メッセージのやりとりが，友だちとのコミュニケーションの主要な形である。こうしたツールの利用が日常になる一方で，健康への影響は無視できない。実際，乳幼児の段階でのテレビやスマートフォン，タブレット等の情報機器との接触は慎

5）農林水産省「子供食堂と地域が連携して進める食育活動事例集－地域との連携で食育の環が広がっています－」2018.
https://www.maff.go.jp/j/syokuiku/attach/pdf/kodomosyokudo-33.pdf

6）仙田満『こどもを育む環境　蝕む環境』朝日新聞出版，2018，pp.172-174.

表8－1 画面の視聴時間に関する各国の勧告

| 国/機関 | 乳児 | 幼児 | 学齢期の青少年 | その他 |
|---|---|---|---|---|
| アメリカ合衆国（アメリカ小児医学会AAP） | ビデオチャットを除き，ゼロ時間（18か月未満）／質の高い番組のみ（18－24か月） | 質の高いプログラムを1時間まで（大人と一緒に視聴） | 番組の種類と時間について常に制限を設ける | 使わないときはスイッチを切る／視聴時間が他の健康に必要な活動時間を奪わないよう留意する |
| カナダ―カナダ運動生理学会（CSEP）―カナダ小児科協会（CPS） | ゼロ時間 | 1時間未満 | 2時間未満（CSEP） | 画面の前での長時間座っていることを制限する（CSEP）大人が手本となり画面を視聴する（CPS） |
| オーストラリア政府保健省 | ゼロ時間（12か月未満）1時間未満（12－24か月） | 1時間未満 | 2時間未満（エンターテインメント番組） | |
| ニュージーランド保健省 | ゼロ時間 | 1時間未満 | 2時間未満（レクリエーションのため） | カナダ（CSEP）のガイドラインを採用 |
| ドイツ連邦保健省 | ゼロ時間 | 30分 | 1時間（小学生）2時間（青年） | 可能な限り避ける／2歳未満児には，映像を全く見せない |

出典）アンドレアス シュライヒャー・経済協力開発機構（OECD）編，一見真理子・星三和子訳『デジタル時代に向けた幼児教育・保育－人生初期の学びと育ちを支援する』明石書店，2020，pp.84－117を参考に筆者作成．

重になる必要があるという。海外では，子どもとメディアとの接触についてのガイドラインを示す国もある[7]。

また，多くの国がテレビ等の画面視聴について，乳児期，幼児期，学齢期等，年齢に分けた勧告を保護者に向けて発信している（表8－1）。日本では，日本小児科学会が2004（平成16）年に，長時間のメディアとの接触に関して提言を発表している[*2]。

家庭のみならず，学校においても情報環境との関わりは欠かせない時代となってきた。ただ，こうした情報環境に関しては，就学前と就学後では取り扱いが大きく異なる。保育において，デジタルカメラやオーディオ機器等の従来から使用されていたもの以外の情報環境は，ポジティブな意味で言及されることは少なく，情報機器の活用においては，他の場面で直接体験を補完することや，子どもの体験との関係を踏まえた上での利用が求められる[8]。しかし，タブレット等でデジタル絵本・図鑑を見たり，プロジェクターを用いて映像や写真，描画を投影して鑑賞したりする等，情報環境を活用することによって可能になる体験もある。例えば，子どもが自由に使用できるタブレットを保育に導入した事例が報告されている[9]。この事例では，子どもが心惹かれた生き物や友だちの様子をタブレットを用いて撮影して保育室に写真を掲示する，子ども

7）秋田喜代美・野澤祥子・堀田由加里・若林陽子「保育におけるデジタルメディアに関する研究の展望」東京大学大学院教育学研究科紀要，59，2020，pp. 347－372.

＊2 日本小児科学会こどもの生活環境改善委員会は，2004（平成16）年に「乳幼児のテレビ・ビデオ長時間視聴は危険です」との提言を発表した。提言の内容としては，2歳以下の子どもにテレビ・ビデオを長時間見せない，テレビはつけっぱなしにしない，1人で見せない，授乳中・食

＊2　続き
事中にテレビをつけない等，研究結果をもとに発表した。表8-1で示したAAPの提言も踏まえている。

8）　文部科学省『幼稚園教育要領解説』（序章）2018.

9）　松山由美子「タブレット端末は，子どもの主体的な遊びを支えるツールとなり得るのか」発達, 150, 2017, pp.62-67.

たちが撮影した写真を見せ合う発表会を行う等，タブレットを用いたことでより思いを伝えやすくなったり共有しやすくなったりしていた。

　他方，就学後の小学校では，『小学校学習指導要領』の総則において，学校図書館には図書資料に限らず電子資料やネットワーク情報資源等，図書以外の資料へのアクセスが困難でないよう整えることが重要とされる。また，学校での学習に限らず，生涯学習や家庭生活，災害時等，あらゆる場面で情報を適切に選択し活用できるようになるための情報活用能力の育成にあたって，各学校においてコンピュータ等の情報環境の整備や，情報機器の基本的な操作の取得やプログラミング教育の導入がある。

　以上，是非が議論されやすい情報環境と子どもとの関係を述べた。子どもが育っていく中で，情報環境との関わりが欠かせないものになっていることがわかるだろう。情報環境によって何が得られるのか，何が失われるのか，どのようにつきあっていくことが望ましいのか等を議論していく必要がある。

## （3）　これからの子どもにとっての身近な環境とは

　2020（令和2）年初旬から世界規模でのパンデミックを招いた新型コロナウイルス感染症の影響から，私たちと周囲の環境との関係は変化した。例えば，情報環境は人々の生活にとって，さらに身近な存在となった。図らずも促進されたリモートワークの影響から，都市部に集中していたオフィスや住まいの見直しが進み，生活の拠点を都市に置く必要がなくなってきた。このように，30年，10年，5年，1年前と比べても，私たちの生活を取り巻く環境は大きく変化している。すなわち，子どもを取り巻く環境，子どもが育つ環境も大きく変化しているといえよう。子どもにとっての身近な大人としての教師や保育者には，子どもにとって身近な環境とは何か，それらとどのように関わっていくのか，どのような関わりが必要なのか等，日々理解を更新していく必要があるだろう。

## ●演習課題

**課題1**：減少している子どもの自然体験を増やすために教師や保育者としてできることはあるだろうか。考えてみよう。

**課題2**：情報環境は，教育（保育）現場でどのように取り入れるのが適切か，考えてみよう。

**課題3**：これからの子どもにとっての身近な環境はどうなっていくだろうか。身近な環境の変化を受けて，授業や保育にはどのような影響があるだろうか。話し合ってみよう。

## コラム　　子どもはどのような場所で遊ぶのだろうか

　本章では，子どもが育つ環境について，自然環境や社会環境に着目して理解を深めた。子どもが日常的に遊ぶ場所もまた，子どもが育つ環境である。コラムでは，子どもの遊び場に着目したい。

　思い出してみよう。皆さんは，子どもの頃，どのような場所で遊ぶのが好きだっただろうか。

　就学前施設の設計も手掛ける建築家の仙田満氏は，遊び環境での思い出に関する調査から，子どもの日常的な遊び場には次の6つの空間があると提示した（図8−2）。① 自然スペース。虫とり，木登り，魚とり，土手滑り，花摘み等の遊びが展開される。子どもは，自然スペースでの遊びで，自然の美しさを発見したり，生命の尊さを学んだりするという。② 走り回ることが可能なオープンスペース。鬼ごっこやボールを使ったゲーム等，ルールのある遊びが行われやすい空間である。③ 道スペース。道には，いくつもある遊びの拠点を繋ぐネットワークの役割がある。道幅があまり広くなく，車があまり通らない場合，子どもが遊びやすい空間となる。④ アナーキースペース。廃材置き場や工事現場等，現在では立ち入り禁止となっていることが多いが，子どもの想像力を刺激する空間である。⑤ アジトスペース。保護者や先生等の大人にとっては死角となる場所や，子どもが隠れてつくる秘密基地のような空間である。子どもたちにとってこの空間は，共同体としての意識を育む一方，時には裏切り等を体験する空間ともなる。⑥ 遊具スペース。滑り台，ブランコ等，遊び場の象徴性をもつ場所であり，児童公園の増加とともに増えているという。

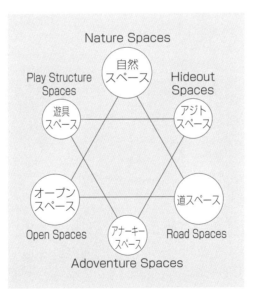

**図 8 − 2　子どもの 6 つの原空間のイメージ**

出典）仙田 満『人が集まる建築−環境×デザイン×こどもの研究』講談社現代新書，2016，p.37.

　さて，以上の6つの遊び空間について，皆さんが子どもの頃に遊んだ経験と照らし合わせてみると，どうだろうか。共通することもあるだろうし，皆さんの子ども時代には既に遊ぶことが難しかった空間もあるだろう。6つの遊び空間に7つ目を加えるとしたら，どのようなスペースを追加するだろうか。これからの子どもの遊び場はどうなっていくだろうか。このように，子どもの遊び場についてどのような空間があるか，そしてそれらが子どもにとってどのような意味があるのかについて考えてみよう。

**参考文献**
仙田 満『人が集まる建築−環境×デザイン×こどもの研究』講談社現代新書，2016.
仙田 満『子どもを育む環境　蝕む環境』朝日新聞出版，2018.

# 第9章 保育者や教師の専門性発達を考える

本章では，保育や教育のプロに求められる資質・能力を論じることを通して，子どもと共に成長し，保育者（幼稚園教諭，保育士，保育教諭をいう）や教師として生きることの意味を探究してみたい。保育者や教師の専門性を考えるキーワードとなるのが，「反省」である。ここで反省とは，これまでを振り返りこれからを見通すという知的な営みであり，かつ子どもや自分自身をより成長させるという点で道徳的な営みでもある。

## 1 保育者や教師に求められる資質・能力

### （1）保育や教育のプロとして

将来，就学前施設（幼稚園，保育園，認定こども園をいう）や小学校等の先生として働くようになるとき，果たして皆さんはどのようなことを大切にして毎日を過ごしているだろうか。

試しに，先生の1日の行為を一つ一つ具体的に想像してみよう。朝出勤して子どもたちを保育室や教室に笑顔で迎え入れる場面から，帰りの挨拶そして翌日の準備をして退勤する場面に至るまで，実に数多くのことを先生としてやっていることがよくわかると思う。外で子どもたちと遊んだり，教室で授業をしたり，一緒に給食を食べたりということも思い起こすことができるだろう。遊ぶときには子どもたちがけがをしないよう常に気を付けているだろうし，授業ではよく理解できるように丁寧に板書をしているだろう。「きちんと前を向きなさい！」等と授業中に指導しているかもしれない。1日の中で子どもたちにたくさんの声掛けをしているし，ほめたり叱ったりしていることだろう。時には子どもの表情から不安な気持ちを察して励ましの言葉を掛けることもあるだろう。

少し見方を変えてみよう。保育者や教師がいわゆる「プロ（professional）」であると考えてみると，そのプロ（保育や教育の「専門家」）であるとは，どういう意味だろうか。例えば保育のプロとは，何のプロだろうか。遊びのプロ，読み聞かせのプロ，ピアノや工作のプロ，けんかの仲裁のプロ，物知りのプロ，給食や寝かし付けのプロ，保護者相談のプロ，笑顔のプロ，子ども理解のプロ，といった具合で，やはりたくさんのことを思い付くだろう。

本章では，プロであることを保育・教育領域の専門性として意味付けることで，保育者や教師にとっての専門性について，事例を交えながら深く掘り下げてみたい。保育者や教師であることは，保育や教育の専門家として自分の人生を豊かに生きることに他ならないのである。

## （2）ショーンの「反省的実践家」論が教えてくれるもの

保育や教育とは何のプロだろうか，という先の問いについて補足しよう。一般的には，プロであるとは，何かができるとか得意であるということや，その能力を元手に職業として稼いでいること（例えばプロのスポーツ選手）だといえる。より高度な知識や力量が求められる職業という点で，保育者や教師もその専門性が発揮されるべきものであることは疑いようがないだろう。しかしまた，保育や教育に関する知識や技能を身に付け，使いこなすだけでは，優れた保育者や教師とはいえないだろう。

文部科学省の近年の政策では，教員の備えるべき専門性が「資質・能力」と呼ばれることもある。2015（平成27）年の中央教育審議会教員養成部会の中間まとめ[1]の中では，その資質・能力に関して「例えば使命感や責任感，教育的愛情，教科や教職に関する専門的知識，実践的指導力，総合的人間力等」を不易の資質・能力として位置付ける一方，高度専門職として，「時代の変化や教員自身のキャリアステージに応じて求められる資質能力を高める自律性，情報を収集・選択・活用する能力や深く知識を構造化する力，学校を取り巻く新たな教育課題に対応できる力量」等についても身に付けることが期待されている。

ここまでみてきたように保育者や教師に求められる資質・能力は確かに多様なものだといえるだろう。しかしそれらは一つずつ身に付けていくようなものだともいいがたい。その多様さをまとめるような特性，あるいは保育者や教師の専門性の発達の源となるものの存在をあえてあげるとすれば，アメリカの哲学者であるショーン（Schön, D. A., 1930-1997）が「反省的実践家[2]」論の中で展開した「反省（reflection）」になるだろう。ショーンはデューイ（Dewey, J., 1859-1952）のいう問題解決としての「反省的思考」の理論を援用して，経験の中で絶えず反省しているのが専門家としての学びであると論じている。反

1）文部科学省中央教育審議会教員養成部会「これからの学校教育を担う教員の資質能力の向上について（中間まとめ）」2015.
なお，このまとめでは「資質能力」と表記されている。

2）Donald A. Schön, *The Reflective Practitioner : How professionals think in action*, New York : Basic Books, 1983.
邦訳本が2種類あり，佐藤・秋田は抄訳，柳沢・三輪は全文の翻訳である。また解説としては佐伯・刑部・苅宿の第1章に詳しい。
ドナルド ショーン，佐藤 学・秋田喜代美訳『専門家の知恵 反省的実践家は行為しながら考える』ゆみる出版，2001.
ドナルド ショーン，柳沢昌一・三輪建二監訳『省察的実践とは何か プロフェッショナルの行為と思考』鳳書房，2007.
佐伯 胖・刑部育子・苅宿俊文『ビデオによるリフレクション入門 実践の多義創発性を拓く』東京大学出版会，2018.

省とは，まさにいまここで，子どもそして自分自身の幸福を願い，これまでを
「振り返り」これからを「見通す」という，知的で道徳的な営みである。

　子どもたちは，久しぶりに給食のワゴンを運べることに喜んで，前を見ておらず危ないなと
思ったため，わざと私が壁にぶつかり前を見ることの大切さを伝えたり，自分が後ろ向きで歩
いていることを活かして「先生，こっち見てるから前が見えないの，みんな見てくれる？」と
言ったりして，子どもたちが任される喜びを感じながらも，危険を察知できるようにする。ま
た，丁字のところでは自分たちの目で確認できるよう左右を見ることのできるところに子ども
が来るよう促し，全員で確認する。ワゴンだけではないが子どもたちが危ないと感じたら，自
分たちで声を掛け合って気付けるような働き掛けをした。

　このケースで注目したいのは，子どもにとってワゴンを運べることや仕事を
任されることが大きな喜びであるという理解の適切さと，安全を果たすには協
力が必要だと考えさせる声掛けである。廊下の丁字の突き当たりでは，ある子
どもは実際に「来てるよー」と，また別の子どもは「危ないよ，ちょっと待っ
て」等と声を出し合って，進んでよいことをお互いに確認している様子がみら
れた。自分はワゴンを進めたいけれども，その気持ち以上に安全に進めること
が大切だという子どもの認識の芽生えに寄り添った関わりである。

　ショーンが言うように，このA先生も「活動しながら反省している（reflection-
in-action）」という点で，反省的実践家の１人である。なにか活動が行き詰ま
ったり，どうしたらうまくいくか迷いが生じたり，以前の似たような状況に照
らしてみたり，臨機応変に解決策を模索したり，といった具合に，人はその状
況と対話を試みながら，当面の問題を解決しようとしている。ショーンによれ
ば，専門家は単純に様々な知識や解決方法をもっているから優れているのでは
なく，状況の中で問題点を振り返り，うまく解決できるよう見通しをもちなが
ら適切な判断を下すことができるから優れているのだという。

# ２　学び合う組織

## （１）学びの連帯性への着目

　ショーンのいう反省には，実はもう一つの隠れた特徴がある。ここではそれ
を連帯性とか，学び合いと呼ぶ。反省とはもっぱら実践家個人による営みであ
るというのは大きな誤解で，本来は他者との協働的な行為である。ショーンは
反省的実践家の理論を描き出す以前に，経営学者であるアージリス（Argyris,

3） Chris Argyris and Donald A. Schön, *Theory in Practice：Increasing professional effectiveness*, San Francisco：Jossey-Bass Publishers, 1974.

C., 1923-2013）との共著書[3]の中で，他者から閉ざされた独りよがりな学びのあり方を「モデルⅠ」，他者に開かれた交流的な学びを「モデルⅡ」として提案している。ショーンらによればモデルⅡの学びを通して，「適切な情報をお互いに最大限に得られている」「多くの情報のもとで自由に選択できる」「なされた決定に責任をもって見守る」といった状況や行動が生まれるという。

保育や教育の現場でも，研修会というフォーマルなものから職員室での同僚同士でのちょっとした悩みの告白に至るまで，語り合いや聞き合いにあふれていることでそれぞれの反省が展開している。その交流的な学びを通した反省が，よりよい保育や教育へと繋がっているのである。このような学び合いと助け合いの機会が，保育者や教育者の専門性を高めているのである。

ショーンらによれば，よりよい保育や教育を目指す学び合いは，例えば「今度はこうしてみよう」という見通しのもと，教師個々の不断の努力と，園や学校という組織全体での取組みに支えられるという点で「二重のループのある学び」と呼ぶことができる。反省を広げていくためには他者の助けが必要であるし，悩みや困り感を素直に相談できるという安心感も生まれてくるだろう。

## （2）「なること」としての学び

4） Jean Lave and Etienne Wenger, *Situated Learning：Legitimate peripheral participation*, Cambridge：Cambridge University Press, 1991.
ジーン レイヴ・エティエンヌ ウェンガー，佐伯 胖訳『状況に埋め込まれた学習 正統的周辺参加』産業図書，1993.

レイヴ（Lave, J., 1939-）とウェンガー（Wenger, E., 1952-）の2人による「状況に埋め込まれた学習[4]」の理論も，学びについてショーンとは別の視点から光を当ててくれるものである。レイヴらによれば，学びの経験とは，知識や技能を「身に付ける」というよりはむしろ「一人前になること」「アイデンティティという自分らしさをつくること」であるという。

保育者や教師は往々にして，自分自身はすでに完成されている一方で，子どもに園や学校で身に付けさせるべき能力があると素朴に考えてしまっていないだろうか。学ぶということを○○することができることだと考えると，○○することがうまくできなければ学んだことにならない，という成果主義の発想に陥ってしまう。そうではない学びについての考え方をレイヴらは教えてくれる。

レイヴらの学び論の特徴を3点にして示そう。1つには集団の中での見よう見まね（認知的徒弟制），いま1つには次第にコミュニティの仲間から信頼され自信を抱くようになること（参加すること），そしてもう1つにはそうした自信や信頼がその人らしさをつくること（アイデンティティ）である。これらが，レイヴらの描き出した学びの特徴である。保育者としてある園に勤めるようになるとき，皆さんの有する個人的な能力を発揮して○○できるかできないかということが重視されるかというと，必ずしもそうだとは言いがたい。むしろレイ

ヴらの言うように「なること」としての学びが保育者としての学びであるといえないだろうか。それは先輩保育者のコツを真似してみたり，周りから徐々に信頼を得て一人前だという気持ちになったり，保育者としての自分自身を好意的に感じたり，といった集団の中での経験を通して学び，成長していく保育者の姿である。さらに，このように園での仕事というコミュニティに参加することが，次の世代の保育者を育てているという部分にも注目したい。学びとは，仲間と一緒に何かを実現すること，そしてコミュニティへの参加が深まることに特徴付けられるというのがレイヴらの主張である。

　様々に数多くの知識や技能を身に付けることだけが優れた保育者や教師であることの証ではない。学びの経験がその人のアイデンティティをつくるという考えに立てば[1]，学び続けることを通して，より自分らしさを実現していく保育者や教師の姿も描くことができるだろう。絶え間のない成長というタテ軸だけではない。現実には，同僚だけでなく子どもたちからも学ぶことも少なくないという点で，ヨコ軸の成長も存在する。つまり，園や学校での生活は，子どもにとっても保育者や教師にとっても，自分自身をつくりつつ共に育っていくという相互成長の場でもある。

## 3 保育者や教師の成長

### （1）プロであること，プロになることの自信を

　保育や教育に関する多くの知識や技術を身に付けることは大切にするべきことであるけれども，子どもたちが保育や教育の活動の主体あるいは主語であることを忘れてはならないであろう。保育者や教師が子どもたちの遊びや学びに合わせることが大切なのであって，子どもたちを保育者や教師の指導の側に合わせたり強いたりしてはならない。目の前にいる一人一人の子どもたちの幸福のために，よりよい保育や教育を実現するために絶えず自問自答を繰り返すことが求められるのである。

　専門性である反省の中には，「（この仕事に就いている）自分はこれでよいのだ」という自己肯定の感覚が重要であることについても触れておきたい。レイヴらの理論にあったように，アイデンティティを形成していく学びのプロセスの中で，保育や教育の場で学んでいる自分自身とはどういう存在だろうか，という問いが生まれてくることもあるだろう。

　心理学の分野ではたびたび言及されているが，自尊感情という言葉を皆さんも耳にしたことがきっとあるだろう。自尊感情には「自分はよりよくありたい

*1　このような「自分づくり」の発想に立つ保育論として，鯨岡峻『子どもの心を育てる新保育論のために「保育する」営みをエピソードに綴る』ミネルヴァ書房，2018を参照して欲しい。

*2　例えば中間玲子『自尊感情の心理学　理解を深める「取扱説明書」』金子書房，2016を参照。近年は「非認知能力」の1つとしていわゆる自信や自己肯定感を位置付ける立場もあり，保育学や教育学の研究者も関心を寄せるトピックである。

（very good)」という部分と「自分はこれでよいのだ（good enough)」という部分があり，近年では後者の自己受容感を育てる保育や教育が大切だといわれている[*2]。そして興味深いことに，実は保育者や教師自身の自尊感情，また特に自己受容感を育てることは意外とやさしいものではない。

---
### 事例9−2　B先生の語りから
---

　小学校の教師となって3年目で，ようやく一人前の教師になれたように少し思います。1年間を通してひと通りの流れもわかってきて何かをつかんだという感じもなくはないけど，より若い先生が着任して，いろいろと助けたいなという気持ちが出てきたこともあります。それまでの2年間，特に1年目には「なんでわたしは先生になってしまったんだろう」とばかり考えて，後悔した気持ちがありました。学級の一部の子どもたちとなかなかうまくいかなかったことが大きな悩みでした。私は「教師は授業で勝負だ」と思っていたので，準備を積み重ねていって，どの子も授業で活躍できるよう気を配りました。たくさんほめたと思います。だんだんとこんなわたしでも大丈夫だな，と思えるようになってきて，それに，困ったらなんでも言ってよ，と助けてくれる先生ばかりで，運がよかったのかなとも思います。今は5年生の担任で，子どもたちに教えられることも多いです。子どもたちって意外と物知りです。子ども扱いするのを嫌がるのも新しい発見ですね。幼いところがかわいいのに，と思うこともあるけど，一人一人と対等に接することを大事にしています。

---

*3　自他への思いやり（compassion）に加え，ケアすること（caring），コミュニケーションを図ること（communication）という3つのCを保育者や教師の専門性として検討し得るだろう。

　Kristin Neff, Self-Compassion : The proven power of being kind to yourself, William Morrow, 2011.

　クリスティーン ネフ，石村郁夫・樫村正美訳『セルフ・コンパッション　あるがままの自分を受け入れる』金剛出版，2014.

　事例から自分自身が教師としてどうあるとよいのか，まさに反省の毎日であることを窺い知ることができると思う。「こんな自分でもいいんだ」という気持ちが，同僚や子どもたちと関わる中で自信として芽生えていったこともよくわかる。B先生のように「こんな自分でもいいんだ」という振り返りと見通しは，保育者や教師として生きる強みとなるに違いない。

　アメリカの心理学者であるネフ（Neff, K., 1966-）は，自己受容感を自分自身への慈しみや思いやりの表れととらえて，「セルフ・コンパッション」が重要であると指摘している[*3]。先に述べた自己受容感や，改めて注目されている心理的幸福感という考えには，自分自身に対する思いやりという側面が確かに含まれている。このような観点から，保育者や教師として生きることの意味を探究することもできるであろう。

## （2）子どもと共に成長する保育者や教師であるために

　本章では主に保育者や教師の専門性について考察する中で，保育や教育のプロである人とは，反省できる人であるととらえてきた。その専門性である反省とは，振り返りと見通しを同時的に往復しながら，よりよい保育や教育を実現しようとする営みである。

　事例 9 - 2 にもみられるように，反省には保育者や教師としてのアイデンティティの揺らぎや迷いも含まれている。子どもたちを前にして，保育者や教師だからこそ揺らぐのであるし，どうしたらよいのかと大いに思い悩み，解決策を探ることもその専門性であるともいってよいだろう。

　最後に，日本の保育学の父とも称される倉橋惣三の「子どもらが帰った後[5]」という随筆で本章を締めくくろう。反省を重ねている人だけが真の保育者であり教師であるという言葉に，私たちは大いに励まされることだろう。

5）倉橋惣三『倉橋惣三選集 第三巻』フレーベル館，2008.（原著は1936年）

### 子どもらが帰った後

　子どもが帰った後，その日の保育が済んで，まずほっとするのはひと時。大切なのはそれからである。

　子どもといっしょにいる間は，自分のしていることを反省したり，考えたりする暇はない。子どもの中に入り込みきって，心に一寸の隙間も残らない。ただ一心不乱。

　子どもが帰った後で，朝からのいろいろのことが思いかえされる。われながら，はっと顔の赤くなることもある。しまったと急に冷や汗の流れ出ることもある。ああ済まないことをしたと，その子の顔が見えてくることもある。——一体保育は……。一体私は……。とまで思い込まされることもしばしばである。

　大切なのは此の時である。此の反省を重ねている人だけが，真の保育者になれる。翌日は一歩進んだ保育者として，再び子どもの方へ入りこんでいけるから。

## ● 演習課題

**課題 1**：先生は「保育や教育のプロ」だとすると，具体的な行為のレベルで，何のプロだといえるだろうか。思いつく限り出してみよう。

**課題 2**：倉橋惣三のいう「子どものその時々の心もちに共感してくれる先生」（次頁コラム参照）とはどのような先生だろうか。皆さんが子どもの頃の先生を思い出しながら考えてみよう。

**課題 3**：「子ども理解」も保育者や教師の専門性だといえる。どのように理解するのか，言葉を足して「広い視野から多面的・多角的に子どもを理解する」としたとしよう。さて，「広い視野から」「多面的に」「多角的に」子どもを理解するとは具体的にどういうことだろうか。話し合ってみよう。

## コラム　専門性あれこれ

　子どもたちと共に成長する保育者や教師であるとき，子どもたちにとってみれば，その先生は「うれしい先生」となっているに違いない，と倉橋惣三が言っています*。さて，うれしい先生と聞いて皆さんはどんな先生を思い浮かべるでしょうか。

　倉橋の答えとしては，うれしい先生とは「子どものその時々の心もちに共感してくれる先生」というものです。

　私たちは泣いている子どもを見ると，「なんで泣いているんだろう」「何かつらいのかな」と考えたり，「どうしたの？」と慌てて声を掛けたり，もしかしたら背中をさすったり手を握ったり抱きしめてみたり，何か行動を起こしたりするかもしれません（それに，泣いている子どもを見るとそもそもどうして「泣き止ませ」たくなるのか，という問いもありますね）。しかしもう一つは，もう少し何もせずに自らの心を子どもに寄せる，あるいはその子どもの心の内面をより深く想像するという選択もあるように思います。その場や時間を子どもと共有するのです。泣かずにはいられない子どもの胸のうちへの想像を精いっぱい働かせるのです。

　こうして見てくると「共感」することも，もちろん大切な専門性に違いありません。反省に加えて，共感も保育者や教師の専門性としてあげてもよいでしょう。

　ところで，本章ではほとんど取り上げられなかった専門性が，保育所保育指針（第4章）に示されています。それは子どもの保護者に対する子育て支援，つまり保護者支援という専門性です。保育者や教師の仕事は，保護者と共に子どもを育てるという特徴があります。保育や教育には，子どもを育て，保護者を育て，自分自身を育てていくという大きな魅力があるのです。

　＊　倉橋惣三『倉橋惣三選集 第三巻』フレーベル館，2008，p.35.

# 第10章 文化的営みとしての教育を考える

　教育は，文化的営みでもある。例えば，学校教育や幼児教育の実践の中で，日本では「よい」「当たり前」とされていることが，海外では「悪い」「あり得ない」とされることがある。もちろん，その逆もしかりである。私たちは，海外の教育文化に触れることで，新たな知識や考えを得ることができるとともに，自国の教育について振り返ったり，問い直したりすることができる。

　本章では，学校の宿題，教師の仕事時間，子どもたちの「登る遊び」等のトピックをもとに，文化的営みとしての教育について考える。

## 1 国によって異なる当たり前（1）
### ―文化的営みとしての小学校教育―

　本章の筆者の一人は，中国出身である。その筆者が日本で生活する中で驚くことがたくさんある。一例をあげてみよう。1月の寒い日，焼肉屋さんに行ったときのこと。冬にもかかわらず店員さんが最初に持ってきたのは，氷が入った冷たいお水だった。これは日本人にとっては当たり前のことかもしれない。しかし，外国人の筆者にとっては，なぜ冬に冷水を飲むのかと大いに違和感を覚えるのである。

　このように，ある国において日常的に習慣化され，その国の人にとっては当たり前の営みを本章では，文化的営みと呼ぶことにする。そしてこの文化的営みは，教育の中にも存在する。以下では，学校教育と幼児教育の事例から，文化的営みとしての教育を考える。

## （1）　学校の宿題にみる日本と中国で異なる当たり前

　皆さんが小学生や中学生の頃に取り組んだ学校の宿題に関して，経済協力開発機構（OECD）の調査がある。この調査は，15歳の生徒を対象に，自己申告

に基づいて宿題に取り組む「時間/週」の国による違いを比較したものだが，それによると学校の宿題に最も多くの時間を費やしているのは中国・上海市の生徒の「13.8時間/週」であった。一方，日本の生徒は「3.8時間/週」であり，66の参加国・地域の平均である「5.3時間/週」よりも少なかった（表10－1）。

表10－1　15歳生徒の一週間の宿題時間に関する国際比較（抜粋）

| 中国・上海市 | 13.8時間/週 |
| アメリカ合衆国 | 6.1時間/週 |
| オーストラリア | 6.0時間/週 |
| 66の国・地域の平均 | 5.3時間/週 |
| イギリス | 4.9時間/週 |
| **日本** | **3.8時間/週** |
| 韓国 | 2.9時間/週 |

出典）OECD, *Database-PISA 2012*（Tables IV.3.27）をもとに筆者作成.

　皆さんも歴史（世界史）の授業で学んだことがあるかもしれない。中国は，隋朝から清朝の時代までの約1300年間にわたって，科挙と呼ばれる官僚登用試験が行われていた。この試験は競争率が高く，合格すると本人や宗族は莫大な利益と名誉が得られることから，多くの人が昼夜を問わず勉強した。こうした歴史的な背景のもと，時間と労力を掛けて勉強する習慣は，上海に限らず，中国の学校教育に今もみることができる。例えば，小学校国語科の授業では，低学年から詩を暗誦（あんしょう）する宿題が頻繁（ひんぱん）に出される。たとえ深い意味は理解できなくても詩を暗誦できることが大切であり，学校の宿題を数多くこなすことは，中国の子どもたちにとって日常的に習慣化された当たり前のことである。中国の有名なことわざである「熟读唐诗三百首，不会做诗也会吟」は，「唐の詩を三百首熟読すれば，詩は作れなくても吟ずることができる」という意味である。

　一方，日本の有名なことわざに「よく遊び，よく学べ」がある。遊ぶことと学ぶこと，そのどちらに偏るでもなく，遊ぶときはしっかり遊び，学ぶときはしっかり学ぶことで，立派な人間になれるという意味である。また，平安時代に編まれた歌謡集『梁塵秘抄（りょうじんひしょう）』（後白河法皇編纂（へんさん））には，「遊びをせんとや生れけむ，戯れせんとや生れけん」という歌詞が登場する。解釈には諸説あるが，無心に遊ぶ子どもたちの声を聞くと，大人の私も自然と動き出したくなるという意味を含んでおり，子どもの遊びを肯定的にとらえる習慣がみてとれる。日本では，遊びも子どもたちにとって大切な仕事（宿題）という価値観が古くから存在するのであり，学校の宿題が他国と比べて少ない理由の一つといえるか

もしれない。

　とはいえ，こうした家庭での学習時間の低さをはじめ，学力低下や学習離れ等を背景に，日本の学校教育が転換していることも踏まえておきたい。OECDの「生徒の学習到達度調査（PISA：Programme for International Student Assessment）」において，2000（平成12）年の調査以降，回を追うごとに順位を下げた日本は，1980年以降から進められてきた「ゆとりある充実した学校生活の実現」「各教科の標準時間数の削減」「教育内容の厳選」等から脱却し，「脱ゆとり」へと舵を切った。ちなみに既述した中国・上海市は，同調査の順位もトップである。学校の宿題に費やす時間と学習到達度の関係は不明であるし，「脱ゆとり」が正解というわけでは決してない。しかしながら，私たちは，日常的に習慣化され，当たり前ととらえている文化的営みとしての学校教育について自覚的になることで，省察的に検討することも必要だろう。

## （2）　海外とは異なる日本の教師の仕事時間

　文化的営みとしての学校教育を考えるもう一つの例として，教師の仕事時間に目を向けてみたい。OECDの「国際教員指導環境調査（TALIS：Teaching and Learning international Survey）」によれば，日本の小学校教師の仕事時間は「54.5時間/週」であり，世界で最も長時間労働であることが示された[1]。中学校教師の仕事時間も「56時間/週」であり，49の参加国・地域の中で最も長かったのである（表10-2，10-3）。

1）OECD「国際教員指導環境調査」2019.

　仕事に長時間励む日本人については，教師のみならず，他分野の職種でも指摘されている。戦後の荒廃から立ち直り，驚異的な高度経済成長を成し遂げた原動力の一つに，勤勉を美徳とする価値観があり，日本では日常的に習慣化されたものとして今も根強く残っている。例えば，体調が悪くても会社を休まないことが評価されたり，逆に定時に帰宅することに罪悪感を感じたり等，プラ

**表10-2　小学校教師の仕事時間の国際比較（抜粋）**

| 日本 | 54.4時間/週 |
|---|---|
| イギリス | 48.3時間/週 |
| オーストラリア | 43.7時間/週 |
| 15の国・地域の平均 | 40.2時間/週 |
| 韓国 | 32.5時間/週 |

出典）OECD, *TALIS*（Database, Tables I.2.27及び2.28）をもとに筆者作成.

**表10-3　中学校教師の仕事時間の国際比較（抜粋）**

| 日本 | 56.0時間/週 |
|---|---|
| イギリス | 46.9時間/週 |
| アメリカ合衆国 | 46.2時間/週 |
| 中国・上海市 | 45.3時間/週 |
| オーストラリア | 44.8時間/週 |
| 50の国・地域の平均 | 38.3時間/週 |
| 韓国 | 34.0時間/週 |

出典）OECD, *TALIS*（Database, Tables I.2.27及び2.28）をもとに筆者作成.

イベートよりも仕事を優先することが当たり前の風潮は，欧米人の価値観とは異なる。今や「過労死」は，"karoshi"としてオックスフォード辞書にも記載されるほど，日本人の働き過ぎは不名誉な状況である。

したがって，既述した教師の仕事時間の長さも深刻である。海外の小学校教師とは異なり，日本の場合，授業時間だけでなく，給食，昼休み，掃除の時間等も子どもたちと一緒に過ごすことが求められ，休憩をとる時間はほとんどない。中学校教師においても，課外活動の指導時間が膨大であり，その負担感は看過できない状況にある。加えて，外国にルーツをもつ子どもの増加，障害のある子どもへのインクルーシブ教育*1，グローバル化の進展，アクティブ・ラーニング*2やICT*3用いた指導法への転換等，教師が取り組む課題は増加の一途を辿っている。こうした実態が教師から，子どもたちと向き合い，教材研究に従事する時間を奪っていることは想像に難くなく，休職や早期退職等を引き起こしているとも考えられる。教師の仕事時間の長さは，健康へも悪影響を与えており，日本の学校教育における「働き方改革」は待ったなしの状況にある。

## 2 国によって異なる当たり前（２）
### ─文化的営みとしての幼児教育─

文化的営みは，幼児教育にも存在する。次の２枚の写真は，中国と日本の幼稚園において，子どもたちが「登る遊び」をしている場面である。中国の子どもたちは，ボルダリングをしている。よく見ると，地面には柔らかそうなマットが敷かれ，保育者は，まだ自分の力で登ることができない子どもの身体を下から支えながら，次に動かす手や足の位置を教えている（写真10－1）。他方，日本の子どもたちは，登り棒を登っている。地面には無数の砂利を含んだ硬い土がむき出しになっており，そこに保育者の姿はない（写真10－2）。

＊1 インクルーシブ教育
　障害の有無にかかわらず，全ての幼児・児童のニーズに対して柔軟で多様性のある選択肢を提供していく教育のこと。

＊2 アクティブ・ラーニング
　第3章，p.26参照

＊3 ICT
　Information and Communication Technologyの略で情報通信技術のこと。人と人が効率的につながる情報技術やその活用法のこと。これから教育・医療現場での活用が期待されている。

写真10－1　中国の幼稚園

写真10－2　日本の幼稚園

## （1）　子どもたちの成功体験を重視する中国の幼児教育

　皆さんは，この2枚の写真を見て，どう感じるだろうか。どちらかの写真に疑問をもったり違和感を覚えたりするだろうか。日本の保育者は，写真10−1（中国の幼稚園）を見たとき，少し驚いたような表情でこう述べた。「日本では，保育者がこのように支援することはありません」。まだ自分の力でできない子どもに対して，保育者が手を差し伸べて助けるようなことは，日本の幼児教育では少ないようである。

　それでは一体，なぜ中国の保育者は，まだ自分の力でできない子どもに手を差し伸べるのだろうか。この点を尋ねてみると，中国の保育者は，それはとても当たり前のことだと言いたげな表情でこう述べた。「まだ自分の力で登ることができない子どもを助けることで，彼（女）らは成功体験を味わうことができます。それによって満足感を得ることができるのです」。

　幼児期の子どもたちが成功体験を味わうこと，彼（女）らに成功感をもたせることの大切さは，中華人民共和国教育部が示す『幼児園教育指導綱要（試行）』にも明記されている[2]。子どもたちは，成功を体験することで意志力，自信，良好な情緒を培い，潜在的な力を開発することができる[3]。成功体験を重視する幼児教育は，中国において日常的に習慣化された当たり前の営みであり，中国の保育者は，子どもたちが自信や満足感を得てさらに成長するために，まだ自分の力でできない子どもに手を差し伸べて助けるのである。

## （2）　子どもたちが自分の力で行うことを重視する日本の幼児教育

　日本の教員養成大学や短期大学等で学んでいる皆さんは，写真10−2（日本の幼稚園）に親しみを覚えるかもしれない。しかし，この写真を見た中国の保育者は，少し驚いたような表情でこう述べた。「地面にマットが敷かれていないし，保育者もそばにいません。もし子どもたちが落下したら大変なことになりますね」。戸外での子どもたちの活動に対する安全性が確保されないような状況は，中国の幼児教育では少ないようである。

　それでは一体，なぜ日本の保育者は，地面にマットを敷いたり，子どもたちのそばにいたりしないのだろうか。この点を尋ねてみると，日本の保育者は，それはとても当たり前のことだと言いたげな表情でこう述べた。「子どもたちは，今の自分にそれができる（できない）ということを知っています。だから，たとえマットが敷かれていなくても子どもたちは，今の自分の力以上のことを無理にしようとはしません。むしろ柔らかいマットが敷かれていたら子どもた

2）中華人民共和国教育部『幼儿园教育指导纲要（试行）』2001.
注：中国では，「試行」と書かれていても，正式のものと変わりなく使用されている。

3）王　秀丽『让幼儿在成功体验中快乐成长』广西教育，2018，pp.152−153.

ちは，それに依存して自分の力以上のことをしてしまい，その結果，けがを招くことにもなりかねません」。

　幼児期の子どもたちが何ごとも自分の力で行うことの大切さは，文部科学省が示す『幼稚園教育要領』や『幼稚園教育要領解説』にも明記されている。例えば，幼稚園教育において育みたい資質・能力及び「幼児期の終わりまでに育ってほしい姿」の中の「自立心」では，「身近な環境に主体的に関わり様々な活動を楽しむ中で，しなければならないことを自覚し，自分の力で行うために考えたり，工夫したりしながら，諦めずにやり遂げることで達成感を味わい，自信をもって行動するようになる[4]」とある。また，人との関わりに関する領域「人間関係」では，「幼稚園生活を楽しみ，自分の力で行動することの充実感を味わう[5]」ことがねらいとして位置付けられており，保育者は「試行錯誤しながら諦めずにやり遂げることの達成感や，前向きな見通しをもって自分の力で行うことの充実感を味わうことができるよう，幼児の行動を見守りながら適切な援助を行うようにすること[5]」が重視される。子どもたちの発達段階に合わせて，彼（女）らが頑張れば自分の力でできる行動にあえて手を差し伸べない幼児教育は，日本において日常的に習慣化させた当たり前の営みであり，日本の保育者が行う「見守る」という行為である[6]。

　ところで，保育者の「見守る」という行為もまた，日常的に習慣化されたものであり，日本の文化的営みとしての幼児教育であることを述べておきたい。例えば，ニュージーランドの保育者は，小さく鋭い小石が無数に撒かれた土の園庭で，子どもたちが遊ぶことはニュージーランドでは許されないと述べている[7]。また，「見守る」とは，保育者が介入した方が簡単であるにもかかわらず，子どもたちが自分の力で考えて行動したり，問題解決したりすることを促すために，あえて介入しない行為のことであり，そこには保育者の意図や判断が働く[8]。また，「見守る」とは，子どもたちが自分の力で行うことができるまで「待つ」行為でもあり，場合によっては，保育者の忍耐や覚悟を伴うことも少なくないという。日本の保育者は，どこまでも子どもたちが自分の力で問題解決することを重視するのであり，文化的営みとしての幼児教育は，日本と中国で異なることがわかる。

## ③ 私たちが文化的営みとしての教育を自覚するために

　これまで述べてきたように，文化的営みとしての教育とは，日常的に行われるものであり，日頃私たちが意識したり，自覚したり，認識したりすることのないものである。したがって私たちは，幼稚園や小学校の中で，それが文化的

４）文部科学省『幼稚園教育要領』〔第１章第２ ３（２）〕，2017.

５）文部科学省『幼稚園指導要領』（第２章人間関係），2017.

６）権 赫虹「日本と中国における幼児の遊びに対する保育者の捉え方の文化比較－外遊びに焦点を当てて－」広島大学大学院修士論文，2020.

７）Burke, R.S. & Duncan, J., *Bodies As Sites Of Cultural Reflection In Early Childhood Education*, Taylor & Francis, 2015.
　レイチェル バーク・ジュディス ダンカン，七木田敦・中坪史典監訳『文化を映し出す子どもの身体』福村出版，2017, pp.124−159.

８）中坪史典編著『テーマで見る保育実践の中にある保育者の専門へのアプローチ』ミネルヴァ書房，2018, pp.154−165.

営みであると気付くことは難しい。

　一方，グローバル化の進展によって私たちは，海外の文化を見聞きすることが容易になり，それによって外国の人の価値観やものの考え方に触れたり，自分たちと比較したりする機会も多くなっている。この点を踏まえるとき，次の2点が大切となる。

## （1）　子どもたちから学ぶ

　私たちが日本の文化的営みとしての教育に自覚的になるためには，例えば，ロゴフ[9]やトービン[10]が述べるように，異なる文化背景を有する人たちの話を聴き，彼（女）らの視点を借りることが有効である。それによって私たちは，普段当たり前に行っている学校教育や幼児教育の中の出来事に目を向けたり，疑問をもったりすることができる[11]。

　みなさんには，ロゴフの次の言葉を紹介したい。「自分自身のコミュニティの実践から生じる疑う余地のない確信にもとづいた文化過程ほど，検討するのが難しいものはありません。文化過程は私たちみんなを取り囲んでいて，多くの場合微妙で，微細な，当たり前と考えられている出来事の中に含まれています。それに気がつき，理解するためには，開かれた目と耳と心が必要となります。子どもたちは，このような当たり前と考えられていることからとても敏感に学び取っていきます[12]」。悲しいことに私たちは，大人になればなるほど，私たちを取り囲んでいる出来事に対して鈍感になり，疑いをもたなくなってしまう。周囲の状況に敏感な子どもたちから学ぶことは，教育を志す者として，彼（女）らを教え育てること以上に大切である。

## （2）　唯一かつ最善の教育は存在しない

　先に述べたが，日本と中国では，学校で出される宿題の量も違えば，「登る遊び」をめぐる状況も違っていた。こうした差異に目を向けることで，それぞれの国における文化的営みとしての教育の特徴がみえてくる。しかし，こうした国による教育の差異を比較することは，決して「よりよい教育」や「正しい教育」を探し出すことを意味しない。教育の営みとは，それぞれの国における独自の歴史的背景，価値観，習慣，行動様式と深く結び付いている。

　もちろん私たちは，海外の教育に触れることで，たくさんのことを学ぶことができる。しかし，だからといって私たちは，自らが行う教育の営みを放棄する必要はない[13]。唯一かつ最善の教育など，そもそも存在しないのであり，自身の文化の特徴を生かしながら，他の文化との融合を志向することが大切である。

9）Rogoff, B., *The Cultural Nature of Human Development*, Oxford University Press, 2003.

　バーバラ　ロゴフ，當眞千賀子訳『文化的営みとしての発達』新曜社2006, pp.487-489.

10）Tobin, J. The Origins of the Video-Cued Multivocal Ethnographic Method, *Anthropology & Education Quarterly*, 50（3）, 2019, pp.255-269.

11）7）と同じ, pp.10-12（日本語版）.

12）9）と同じ。

13）9）と同じ。

## ● 演習課題

**課題１**：ランドセルや制服は，日本人のどのような価値観と結び付いているのか考えてみよう。

**課題２**：本章のコラムを読んだ上で，上記以外にも海外の人にとって驚きの日本の学校生活について，他に何があるか話し合ってみよう。

---

### コラム　　海外の人にとって驚きの日本の学校生活

　NHKのEテレで放送されていた教養番組『ジャパングル（JAPANGLE）』をご存じだろうか。これは，日本人にとっての「ふつう」について，外国人の視点から見つめ直すというエンタテインメントである。日本での日常生活を観察することで，日本人が脈々と受け継いできた感性や知恵を浮き彫りにし，日本の魅力を再発見することができる。

　その中で「学校」も，テーマの１つに掲げられた。例えば，多くの子どもたちがランドセルを背負って小学校に通ったり，中学生が３年間ずっとおそろいの制服で過ごしたり，子どもたちが隊列を組んで行進したり，２列に並んで合唱したり，整列してラジオ体操したり・・・そうした私たちにとって見慣れた光景は，海外の人にとっては驚きの連続なのである。中でも，学校のプールに注目してみよう。

　みなさんが通っていた小学校には，プールはあったのだろうか。何と日本では，公立小学校の９割近くがプールを有しており，この数字は，世界でもずば抜けて高いのだという。なぜ，日本の学校では，こうも水泳が行われているか，ご存じだろうか。

　日本の水泳の歴史は古く，およそ400年前には，全国各地に水練場という，武士が泳ぎを練習するための池や湖があったといわれている。日本は，周囲を海に囲まれ，川や水辺も多いことから，泳ぐことができなければ，向こう岸の敵陣に攻め入ることすらできない。加えて負け戦（いくさ）のときは，たとえ将軍であっても，泳いで逃げなくてはならない。したがって水練場が必要だったのである。泳ぎは，武士にとって必要不可欠な技術であり，日本古来の泳ぎ方の中には，水中でも銃を使える「立ち泳ぎ」や，甲冑を着たまま泳ぐための泳法等も発達してきたという。

　このようにランドセル，制服，隊列，そしてプールや水泳の授業もまた，文化的営みとしての教育としてとらえることができる。

---

# 第11章 生涯学習社会における教育を考える

生涯学習とは，人々が"生涯にわたって行うあらゆる学習"を指す。我が国では，文部科学省を中心として，生涯を通して学ぶことのできる環境の整備が行われている。「人生100年時代」，「超スマート社会（Society5.0*¹）」に向けて社会が大きな転換点を迎えており，生涯学習の重要性がより一層高まっている。ここでは，生涯学習社会における教育の現状と課題，そして学び続ける人々について考えていく。

## 1 生涯学習社会における教育の現状

### （1）生涯学習の源流としての「生涯教育」

生涯教育という言葉が活用されるようになったきっかけは，1965（昭和40）年にパリで開かれたユネスコ主催の第3回世界成人教育推進教育国際委員会会議において，ラングラン（Lengrand, P., 1910〜2003）によって提出されたワーキングペーパー「エデュカシオン ペルマナント（*Éducation permanante*）」による。

日本では，1967（昭和42）年に文部省（当時）から「社会教育の新しい方向－ユネスコの国際会議を中心として－」において，生涯教育という言葉が初めて公の文書に使われた。その後，1971（昭和46）年の社会教育審議会の答申「急激な社会構造の変化に対処する社会教育のあり方について」では，人々の教育に対する要求が高度化・多様化しつつある状況に対応するため，生涯教育という視点から家庭教育，学校教育，社会教育を見直す必要があると指摘され，これまで以上に幅広い学習を含む生涯教育の問題が示された。この頃から生涯学習の源流としての「生涯教育」という言葉が使われるようになり，生涯教育の必要性が提示された。

＊1　Society5.0

狩猟社会（Society 1.0），農耕社会（Society 2.0），工業社会（Society 3.0），情報社会（Society 4.0）に続く，新たな社会を指すもので，第5期科学技術基本計画（2016〜2020年度）において我が国が目指すべき未来社会の姿として初めて提唱された。情報が溢れている現在（Society 4.0）の課題に対してIoT（Internet of Things：モノのインターネット：様々なモノがインターネットに接続することで，モノとモノの間で効率的なデータ交換，共有等が可能となるネットワークのこと）やAI（Artificial Intelligence：人工知能）等の最新テクノロジーを活用した便利な社会を指す。

## （2）生涯学習の確立

　1981（昭和56）年の中央教育審議会の答申「生涯学習について」で，「生涯学習」という言葉が公式に使われた。この答申の中で「今日，変化の激しい社会にあって，人々は自己の充実・啓発や生活の向上のため，適切かつ豊かな学習の機会を求めている。これらの学習は，各人が自発的意思に基づいて行うことを基本とするものであり，必要に応じ，自己に適した手段・方法は，これを自ら選んで，生涯を通じて行うものである。この意味では，これを生涯学習と呼ぶのがふさわしい[1]」と述べられている。この答申により，これまで使われてきた「生涯教育」という言葉は「生涯学習」という言葉に置き換えられ，我が国における生涯学習の概念が確立した。

　1990（平成2）年の中央教育審議会答申「生涯学習の基盤整備ついて」においては，国，都道府県，市町村に生涯学習関係の連絡調整組織をつくること，地域の生涯学習を推進する中心機関として，各都道府県に生涯学習推進センターを設置することが提言され[2]，これを受けて同年「生涯学習の振興のための施策の推進体制等の整備に関する法律」が制定された。これは生涯学習に関する初めての法律である。さらに，1992（平成4）年の生涯学習審議会の答申「今後の社会の動向に対応した生涯学習の振興方策について」においては，「人々が生涯のいつでも自由に学習機会を選択して学ぶことができ，その成果が適切に評価される[3]」という理念が示され，生涯学習の必要性と豊かな学習社会構築のための方策が提言されている。

1）　文部科学省中央教育審議会「答申 生涯学習について」1981.

2）　文部科学省中央教育審議会「答申 生涯学習の基盤整備ついて」1990.

3）　文部科学省生涯学習審議会「答申 今後の社会の動向に対応した生涯学習の振興方策について」1992.

## （3）生涯学習社会の構築の必要性

　2006（平成18）年に教育基本法が改正され，その第3条に「生涯学習の理念」が謳われた。この第3条は，生涯学習社会の実現が図られることを生涯学習の理念とした条文であり，生涯学習社会を以下のように規定している。

**教育基本法**

　第3条　国民一人一人が，自己の人格を磨き，豊かな人生を送ることができるよう，その生涯にわたって，あらゆる機会に，あらゆる場所において学習することができ，その成果を適切に生かすことのできる社会の実現が図られなければならない。

　生涯学習が私たちに必要である理由は以下の3つだといわれている。

　1つ目は，私たちが社会・経済の変化に対応するために，新しい知識や技術の習得が必要に迫られていることである。このような必要性に対して，生涯学習の基盤が整備されることで，私たちの技能・経歴が高まり，社会制度の基盤

である人材育成や社会・経済の発展につながるからである。

2つ目は，私たちが自由に使える時間が増え，心の豊かさや生きがいのために学習したい人が増加したことである。このような状況に応えるために，生涯学習の基盤が整備されることで自らの自己実現だけでなく，高齢者の社会参加や青少年の健全育成等，地域社会が活性化し，社会全体にとっても有益なことが増えるからである。

3つ目は，生涯学習の基盤整備により，学歴だけに留まらず，様々な学習の成果が適切に評価される社会が構築される。このことが教育改革の課題の一つである学歴社会の弊害の是正にも繋がることが期待されているからである[4]。

4） 文部科学省『平成18年度版 文部科学白書』2007，pp.56-86.

## （4）生涯学習社会を推進する施設

生涯学習の場は家庭，学校，社会と大まかに分けることができる。社会で行われる学習には拠点となる場として社会教育施設が設けられている。

教育基本法第12条第2項は「国及び地方公共団体は，図書館，博物館，公民館その他の社会教育施設の設置，学校の施設の利用，学習の機会及び情報の提供その他の適当な方法によって社会教育の振興に努めなければならない」と規定し，社会教育施設の設置は国及び地方公共団体の責務とされている。

### 1）図　書　館

図書館とは，「図書，記録その他必要な資料を収集し，整理し，保存して，一般公衆の利用に供し，その教養，調査研究，レクリエーション等に資することを目的とする施設[5]」であるとされる。

5） 図書館法第2条.

図書館は「地域の知の拠点」として，子どもから高齢者まで多様な利用者の学習活動を支えている。地域が抱える様々な課題解決の支援や地域の実情に応じた情報の提供等，幅広い観点から社会貢献や地域発展のために寄与することが期待されている。

### 2）博　物　館

博物館とは，「歴史，芸術，民俗，産業，自然科学等に関する資料を収集し，保管（育成を含む）し，展示して教育的配慮の下に一般公衆の利用に供し，その教養，調査研究，レクリエーション等に資するために必要な事業を行い，あわせてこれらの資料に資する調査研究をすることを目的とする機関[6]」とされる。なお，美術館や動物園，水族館等も博物館に含まれる。

6） 博物館法第2条.

### 3）公 民 館

公民館とは、「市町村その他一定区域内の住民のために、実際生活に即する教育、学術及び文化に関する各種の事業を行い、もって住民の教養の向上、健康の増進、情操の純化を図り、生活文化の振興、社会福祉の増進に寄与することを目的とする[7]」施設であるとされる。公民館は、地域住民にとって最も身近な学習拠点である。交流の場、地域コミュニティの形成の場として重要な役割も果たしている。さらには、地域の防災拠点としての役割も期待されている。

7） 社会教育法第20条.

### 4）その他の社会教育施設

その他の社会教育施設として、青少年のための団体宿泊訓練または各種研修を行う「青少年教育施設」、女性または女性教育指導者のための各種研修、または情報提供等を行う「女性教育施設」、体育館や水泳プール、運動場等の一般の利用に供するスポーツ施設、座席数300以上のホールを有する「劇場・音楽堂等（文化会館、市民会館、文化センター等を含む）」、地域における生涯学習を推進するための中心機関である「生涯学習センター」がある。また、「学校施設の利用」も教育基本法において、社会教育振興の方法として掲げられている。

## 2　生涯学習社会における教育の課題

## （1）　生涯学習社会と教師の役割
### ―地域と学校の連携・協働のための仕組みづくり―

これからの学校は、「地域でどのような子どもたちを育てるのか」「地域でどのような役割を果たしていくのか」という目標やビジョンを保護者や地域住民等と共有することが求められる。地域と一体となって子どもたちを育む「地域とともにある学校」へと転換していかなければならない。また、地域社会も学校と連携・協働して、地域全体で子どもたちの成長を支える活動を実施していく必要がある。子どもたちにとって、地域には多くの教育資源がある。例えば、地域の活動やお祭りに参加して、地域社会の人と継続的に関わることによって、学校の中だけでは体験できない学びが可能となる。つまり、我が子が通っている時期だけのPTA活動や保護者会活動にとどまらず、地域としっかり連携や協働をすることで子どもたちにとって新たな学びの場を形成していくことが求められている。

文部科学省は、2017（平成29）年3月に改正された地方教育行政の組織及び運営に関する法律に基づき、コミュニティ・スクールを導入した。コミュニテ

ィ・スクールには，学校運営協議会*2が設置されている。コミュニティ・スクールとは「保護者や地域住民が一定の権限をもって運営に参画する新しいタイプの公立学校」である。全ての公立学校に学校運営協議会の設置が目指されている。

　また，同年に改正された社会教育法に基づいて，「地域学校協働活動」が推進されている。全ての小中学校区において地域学校協働活動が実施されることが目指されている。地域学校協働活動は，地域住民に留まらず，民間企業，団体・機関等の幅広い団体の参画も得て，地域全体で子どもたちの学びや成長を支えるとともに，「学校を核とした地域づくり」を目指して，学校と連携・協働して行う活動を指す。例えば，子どもたちが地域に出て行って郷土学習を行ったり，地域住民と共に地域課題を解決したり，地域の行事に参画して共に地域づくりに関わるといった活動があげられる。

　様々な「地域学校協働活動」の事例を以下に紹介する。

①　放課後子ども教室：地域住民ボランティアが，小学生に対して放課後等に様々な体験学習や交流活動を行う。

②　学校支援ボランティア：登下校の見守り，学校の花壇や通学路等の学校周辺環境の整備，子どもたちへの本の読み聞かせ，授業の補助等を行う。

③　地域未来塾：中学生・高校生を対象に，教員OBや大学生ボランティア等が学習支援を行う。

④　地域ボランティア：地域イベントや伝統行事，お祭りでの伝統文化・芸能の発表，地域の防災訓練への参加等を行う。

# （2）生涯学習社会と保育者の役割
## ―家庭教育支援と子育て支援―

　家庭は，子どもが最も身近に接する社会である。家庭教育は全ての教育の出発点として，人間の発達に関わる重要な機能を有している。しかし，都市化や核家族化，情報化，少子化，身近な人間関係の希薄化等の社会の変化により人々の暮らしや家庭のあり方は多様化している。子どもが育つ環境も大きく変化し，家庭教育の課題も複雑化している。子どもの貧困や教育格差，児童虐待，いじめや不登校，引きこもり等，家庭と子どもをめぐる問題が深刻化している。子育てについての悩みや不安を抱える家庭も多くなっている[8]。そこで，地域の子育て支援センター*3の保育者（幼稚園教諭，保育士，保育教諭をいう）が育児不安や育児ストレスを抱く保護者を対象に子育て相談や，子育てのワンポイントアドバイスを行ったり，保護者同士の情報交換の場を提供することにより，孤立しがちな子育て中の保護者を支援している。

*2　学校運営協議会には，以下の3つの機能がある。① 校長が作成する学校運営の基本方針を承認する。② 学校運営について，教育委員会，または校長に意見を述べることができる。③ 教職員の任用に関して，教育委員会規則に定める事項について，教育委員会に意見を述べることができる（地方教育行政の組織及び運営に関する法律第47条の5）。

8）　文部科学省『平成30年度文部科学白書』（第3章）2019.

*3　子育て支援センター

　家庭で子育て中の保護者を対象に，保護者と子どもの交流の場の提供，子育ての不安や負担の軽減，子どもの健やかな育ちを促進することを目的として，市町村長が指定した施設。育児相談のほか，子育てサークル等の育成・支援も行っている。

### 3 学び続ける大人たち，教師たち

## （1）社会人の学びの推進

　社会の変化の激しいこれからの時代においては，学校を卒業し，社会人となった後も，大学等でさらに学びを重ね，新たな知識や技能，教養を身に付けることが必要である。また，出産や子育て等，女性のライフステージに対応した活躍支援や，若者の活躍促進等の観点からも，社会人の学び直し（リカレント教育）の推進がより一層求められている。国は「何歳になっても学び直しができるリカレント教育」を主要テーマの1つとして取り上げ，2017（平成29）年9月に「人生100年時代構想会議」を設置した。

　OECD（経済協力開発機構）が2012（平成24）年に実施した「国際成人力調査（PIAAC, 2012）では，各国の成人に「現在，何らかの学位や卒業資格の取得のために学習しているか」と尋ねた結果を公表している（図11-1）。30歳以上の成人の割合をみると，1位はフィンランドの8.27％，次いでノルウェー，イギリス等，欧州の国々が上位を占めている。一方，日本は1.6％と他国と比較しても低い水準であった。

　このような現状の中，文部科学省は社会人の学びを推進している。例えば，多様なニーズに対応する教育機会の拡充を図るために，文部科学大臣が認定する「職業実践力育成プログラム」の制度化を実施した。大学・大学院・短期大

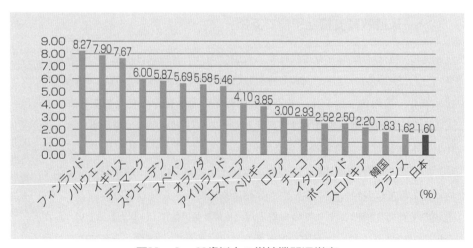

**図11-1　30歳以上の学校機関通学率**

出典）リクルートワークス研究所，https://www.works-i.com/column/policy/detail022.html（2018年5月1日），2018.

学・高等専門学校を教育の場として社会人や企業等のニーズに応じた実践的かつ専門的なプログラム内容になっている。また，専修学校を教育の場として文部科学大臣が認定する「キャリア形成促進プログラム」も制度化された。その内容は，社会人が受講しやすい工夫がなされ，企業等と連携された実践的・専門的なプログラムとなっている。

さらに文部科学省は，「Society 5.0に対応した高度技術人材育成事業」等を通じて，IT技術者等を対象とした実践的な教育プログラムの開発・実施を推進している。

## （2）学び続ける教師たち

我が国では，2008（平成20）年に教職大学院が設立された。教職大学院は，大学で「わかりやすく知識や技術等を教える」という教師としての基礎的な力を身に付けた後に，さらに将来，学校や地域においてリーダーとして活躍できる人を養成することを目的として設置された。具体的には，アクティブ・ラーニングの視点を重視した授業研究，校内研修の進め方や新人教員の育成の仕方，教科教育[*4]と教科専門[*5]を融合した高度な実践的指導力の育成を進める等，より高度なプロとしての教師を育成している。教職大学院は，大学を卒業した後すぐに進学することもできるし，教育現場で経験を積んだ現職の教師がさらなるスキルアップを目指して通うこともできる。

近年の社会の大きな変動の中，様々な専門的職種や領域において，大学院段階で養成されるより高度な専門的職業能力を備えた人材が求められている。教員養成の分野においても，子どもたちの学ぶ意欲・社会意識・自立心の低下，社会性の不足，いじめや不登校等の深刻な状況等，学校教育の抱える課題が複雑・多様化する中で，こうした変化や諸課題に対応しうる高度な専門性と豊かな人間性・社会性を備えた力量ある教員が求められている。

**＊4　教科教育**

教科ごとに，教育方法の研究，教材研究，授業実践とその評価等を研究対象とするもの。例えば，社会科であれば社会科教育法を研究対象とすること。

**＊5　教科専門**

教科内容そのものを研究対象とするもの。例えば，社会科であれば歴史学，地理学，経済学等を研究対象とすること。

## 🟢 演習課題

**課題1**：なぜ生涯学習社会である必要があるか考えてみよう。

**課題2**：身近にある生涯学習の施設や取り組みにはどのようなものがあるか調べてみよう。

**課題3**：生涯にわたって学び続ける意義を考えてみよう。

## 参考文献

馬場祐次朗編集『二訂 生涯学習概論』ぎょうせい，2018.

松田武雄『現代の社会教育と生涯学習』九州大学出版会，2015.

## コラム　障がいの有無にかかわらず共に学び，生きる共生社会

　2006（平成18）年の国連総会において「障害者の権利に関する条約」が採択されました。

　2015（平成27）年９月の国連サミットでは，「持続可能な開発目標」（SDGs，第13章，p.116参照）が採択され，地球上の「誰一人として取り残さない（leave no one behind）」をテーマに，持続可能な世界を実現するための国際目標が定められました。教育はSDGsの17のグローバル目標の一つとして位置付けられ，全ての人に包摂的かつ公平で質の高い教育を提供し，生涯学習の機会を促進することとされています。SDGsを受けて策定された日本国内の実施指針においても，優先的分野の一つとして「あらゆる人々の活躍の推進」があげられています。

　文部科学省は，2017（平成29）年４月に，「特別支援教育の生涯学習化に向けて」と題する大臣メッセージを出し，障がい者の多様な学習活動を生涯に渡って支援するための取組を開始することとしました。「特別支援学校に在学している子どもたちは学校卒業後には学びや交流の場がなくなるのではないか」との保護者からの不安を取り除き，障がい者が夢や希望をもって活躍できる社会を形成していくことが不可欠であるとの認識がなされました。

　2018（平成30）年３月に策定された第４次障害者基本計画においては，「生涯を通じた多様な学習活動の充実」が盛り込まれ，障がい者の学校卒業後における学びを支援し，地域や社会への参加を促進することで，共生社会の実現に繋げることが明確に位置付けられました。

　2018（平成30）年度に実施された「学校卒業後の学習活動に関する障害者本人等アンケート調査」（文部科学省）の結果では，「一緒に学習する友人，仲間がいない」（71.7％），「学ぼうとする障害者に対する社会の理解がない」（66.3％）等が，障がい者本人が感じる生涯学習の課題としてあげられています。「知りたいことを学ぶための場や学習プログラムが身近にある」と回答した障がい者は全体の約30％に留まりました。このような課題を乗り越え，方策を提案するために，2019（平成31）年３月には「障害者の生涯学習の推進方策について—誰もが，障害の有無にかかわらず共に学び，生きる共生社会を目指して—」（学校卒業後における障害者の学びの推進に関する有識者会議報告）がとりまとめられました。

　現在の日本では少子化による人口減少や人生100年時代といわれる長寿化が進む中，新たな社会の姿として Society5.0の実現が提唱されています。人生100年時代には，「高齢者から若者まで，全ての国民に活躍の場があり，全ての人が元気に活躍し続けられる社会，安心して暮らすことのできる社会をつくる*必要」があります。

　こうした考え方を基本として踏まえながら，障がいの有無にかかわらず，一人一人が，生涯にわたり学びを通じてその能力を維持向上し続けるとともに，その成果を個人の生活や地域での活動等に生かしつつ共に生きることのできる「共生社会」の実現を目指し，国は地方公共団体や学校，関係団体との連携も図りながら取組を推進しているのです。

＊　内閣府『令和元年版 高齢社会白書』（第２章 第２節 ６），2019.

# 第12章 子育て支援と子ども家庭福祉

　本章では，まず，現代の日本の社会における子育て家庭を取り巻く社会的状況を概観する。そして，子育て家庭を制度として支援する子ども家庭福祉施策についてみていく。子ども家庭福祉施策は，乳幼児期に対する支援ばかりではなく，児童期においても実施されている。なかでも，1998（平成10）年から始まった放課後児童健全育成事業（放課後児童クラブもしくは学童保育）については，あまり社会問題化していないが，様々な課題がある。

## 1　男女が共に子育てする社会とは

　保育・教育という営みの歴史は古い。人間は生理的早産[*1]の状態で生まれるともいわれるように，生まれた瞬間から養育を必要とする存在である。そのため人類が種として成立した瞬間から保育・教育の歴史も始まる。こうした保育・教育は，家族集団や地域集団・近隣集団の相互扶助を通して行われてきたが，社会の産業化が進み，職業が分化していくと保育・教育の専門的機関が発生する。しかし，その分業は家族集団の子育て機能を完全に外部化するわけではなく，家族集団の子育てを支援することを目的としている。それは子育てが保護者にとっての業務や苦行ではなく，家族員に幸福をもたらす側面をもっているからである。そのように考えると，子育て支援とは，男性であるか女性であるかに関係なく「保護者が子どもの成長に気付き子育ての喜びを感じられるように努めること[1]」を通した家族集団の幸福追求の支援であるといえる。

### 子育て家庭が成立する契機としての結婚と出産

　家族集団が成立する出発点は，通常，自分が家族集団内に生まれたときと，自分が結婚して新たに家族集団を形成したときの2つがあると考えられる。現

<aside>
*1　詳しくは,本書の第1章（p.5〜6）を参照のこと。

1）　厚生労働省『保育所保育指針』〔第4章 1（1）〕2017.
</aside>

＊2　合計特殊出生率

　1人の女性が一生の間に生む子どもの数を計算したものである。期間合計特殊出生率とコーホート合計特殊出生率がある。

＊3　完結出生児数

　結婚持続期間が15～19年の夫婦に生まれた子どもの人数。夫婦の最終的な平均出生子ども数と仮定されているため，きょうだい数と理解されることが多い。

代の日本の社会では，この家族集団を形成する出発点の1つである結婚を取り巻く社会的状況が急変している。こうした状況を示すデータはいくつかあるが，例えば，50歳時未婚率（生涯未婚率）が，2000年代以降に急増している（表12－1）。男性の場合は4人に1人，女性の場合は7人に1人が50歳までに結婚をしていないが，多くの人は「いずれ結婚するつもり」（表12－2）である。また，結婚しても，子どもを理想とする人数だけ出産していない傾向も強い（図12－1）。これは子どもの数が減少していることを示す合計特殊出生率＊2や完結出生児数＊3とは意味が異なる。つまり，現代の少子化は必ずしも家族集団が望んでいる幸福追求の結果ではないということである。

表12－1　50歳時未婚率（%）

| 年 | 男 | 女 |
|---|---|---|
| 1920 | 2.17 | 1.80 |
| 1930 | 1.68 | 1.48 |
| 1940 | 1.75 | 1.47 |
| 1950 | 1.45 | 1.35 |
| 1960 | 1.26 | 1.88 |
| 1970 | 1.70 | 3.33 |
| 1980 | 2.60 | 4.45 |
| 1990 | 5.57 | 4.33 |
| 2000 | 12.57 | 5.82 |
| 2010 | 20.14 | 10.61 |
| 2015 | 23.37 | 14.06 |

出典）国立社会保障・人口問題研究所『人口統計資料集（2020年版）』

表12－2　未婚者の生涯の結婚意思「いずれ結婚するつもり」　　　　　　　　（%）

| 調査回 | 第11回 | 第12回 | 第13回 | 第14回 | 第15回 |
|---|---|---|---|---|---|
| 年 | 1997年 | 2002年 | 2005年 | 2010年 | 2015年 |
| 男性 | 85.9 | 87.0 | 87.0 | 86.3 | 85.7 |
| 女性 | 89.1 | 88.3 | 90.0 | 89.4 | 89.3 |

出典）国立社会保障・人口問題研究所『第15回出生動向基本調査』2017.

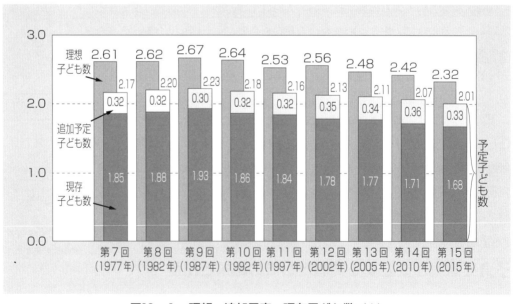

図12－1　理想・追加予定・現存子ども数（人）

出典）国立社会保障・人口問題研究所『第15回出生動向基本調査』2017.

## 2　子育てをめぐる現状と子ども家庭福祉施策

### （1）子育てをめぐる現状

　子育て家庭をめぐる日本社会の現状を推測するために，まず，図12－2の共働き等世帯数の年次推移を見てもらいたい。左下から右上方向に一貫して増加しているのが共働き世帯である。おそらくは，今後もこの傾向は継続するであろう。また，18歳未満の児童がいる世帯の母親が働いている割合も年々高くなっており，2017（平成29）年以降7割を超えている（表12－3）。図12－3は，年齢階級別女性労働力率であり，かつて「M字カーブ」等といわれた現象は徐々に解消しつつある。

　ここからわかることは，子育て家庭にはもはや，専ら子育てを担う家族員はいないということである。したがって，家族員の皆が家事と育児を分担する必要がある。しかしながら現実は，2016（平成28）年の家事・育児・

**表12－3　児童のいる世帯における母の仕事の状況の年次推移**（%）

| 年 | 割合 |
|---|---|
| 2004 | 56.7 |
| 2007 | 59.4 |
| 2010 | 60.2 |
| 2013 | 63.1 |
| 2014 | 65.7 |
| 2015 | 68.1 |
| 2016 | 67.2 |
| 2017 | 70.8 |
| 2018 | 72.2 |
| 2019 | 72.4 |

出典）厚生労働省『令和元年 国民生活基礎調査』

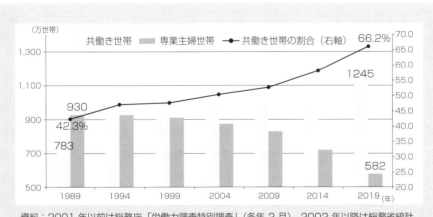

資料：2001年以前は総務庁「労働力調査特別調査」（各年2月），2002年以降は総務省統計局「労働力調査（詳細集計）」より作成．

**図12－2　男性雇用者世帯のうち共働き世帯と専業主婦世帯の推移**

注）　「労働力調査特別調査」と「労働力調査（詳細集計）」とでは調査方法，調査月等が相違することから時系列比較には注意を要する。
　　　「専業主婦世帯」とは，2014年までは夫が非農林業雇用者で妻が非就業者（非労働力人口及び完全失業者）の世帯。2019年は，就業状態の分類区分の変更に伴い，夫が非農林業雇用者で妻が非就業者（非労働力人口又は失業者）の世帯。共働き世帯の割合は，男性雇用者世帯に占める割合である。

出典）厚生労働省『令和2年版 厚生労働白書』2020，p.34.

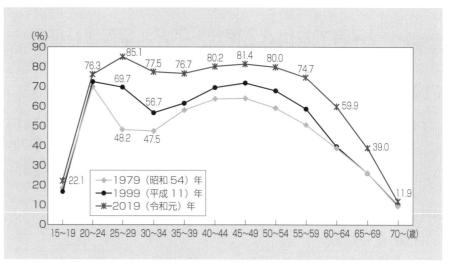

**図12－3　年齢階級別女性労働力率の年次推移**

注）1．総務省「労働力調査（基本指針）」より作成
　　2．労働力率は，「労働力人口（就業者＋完全失業者）」／「15歳以上人口」×100
出典）内閣府『男女共同参画白書 令和2年版』（第2章 第1節）2020.

2）内閣府『令和2年版 男女共同参画白書』2020, p.7.

介護時間を男女別にみると，女性は3時間28分であるが，男性はわずか44分である[2]。これでは，子育てにおける男性の役割を再考しなければならないことは当然である。もちろん，仕事の時間は男性の方が長いが，女性が家事・育児・介護時間を確保するために，意識的に仕事時間を短くしている現実を逆に表している可能性もある。いずれにしても，家族員だけで家事・育児・介護時間の全てを確保することに無理があるのが日本社会の現状なのである。

## （2）子ども家庭福祉施策

こうした現代の日本社会における家族集団のあり方を前提に子育てを考えると，子育て家庭に対する何らかの支援が必要である。かつての地縁や血縁等に基づく相互扶助は，戦後の家族制度や産業構造の変化により，もはや消滅したといっても過言ではないからである。現代の日本社会においては，これを補完する制度の一つが子ども家庭福祉施策であるといえる。

子ども家庭福祉施策は，日本国憲法や児童の権利に関する条約，児童福祉法や児童虐待の防止等に関する法律，子ども・子育て関連3法[*4]等に基づき，母子保健施策，地域の子育て支援施策，保育施策，児童健全育成施策，養護等を必要とする子どもへの施策，ひとり親家庭への施策等が展開されている。そして，助産施設，乳児院，母子生活支援施設，保育所，幼保連携型認定こども園，児童養護施設，障害児入所施設，児童発達支援センター，児童心理治療施設，児童自立支援施設，児童厚生施設，児童家庭支援センター，児童相談所，

*4　子ども・子育て関連3法

2012（平成24）年8月に成立した「子ども・子育て支援法」，「認定こども園法の一部改正法」，「子ども・子育て支援法及び認定こども園法の一部改正法の施行に伴う関係法律の整備等に関する法律」を合わせた呼称。

なお，「認定こども園法」の正式名称は，「就学前の子どもに関する教育，保育等の総合的な提供の推進に関する法律」である。

放課後児童クラブ，放課後等デイサービス等が子どもの最善の利益を実現するために子ども家庭福祉施策に取り組んでいる。

　なかでも保育所は約297万人の子どもが利用[3]しており，最も利用者が多い子ども家庭福祉の施設である。そのため子育て家庭にとっては，保育所の保育者が，最も身近な子育ての専門家となっている。

3）　厚生労働省「保育所等関連状況取りまとめ（令和2年4月1日）」2020.

# 3　小学生以上を対象とした子ども家庭福祉

　児童福祉法第1条では，全ての子どもは「適切に養育されること，その生活を保障されること，愛され，保護されること，その心身の健やかな成長及び発達並びにその自立が図られることその他の福祉を等しく保障される権利を有する」とされている。小学生以上の子どもたちも，もちろん対象となっている。子ども家庭福祉の領域では基本的には18歳未満，場合によっては20歳未満を児童や少年と規定しているからである。児童期以降の子ども家庭福祉についても多岐にわたる施策が実施されているので，ここでは利用者が比較的多いいくつかの施策を概観する。

　まず始めに，ひとり親家庭への施策として児童扶養手当がある。2018（平成30）年度の利用実績は，939,262人である。この児童扶養手当は，主に母子家庭に対する手当である[*5]。近年，若干，解消しつつあるが，ひとり親家庭の相対的貧困率[*6]が高い日本では，重要な取組である。

　次に，放課後児童クラブである。放課後児童クラブは，法律上は放課後児童健全育成事業と称され，児童福祉法第6条の3第2項に規定されており，放課後や学校が休みの日に小学生を預かり，児童厚生施設[*7]等を利用して，適切な遊び及び生活の場を与え，その健全育成を図る事業をいう。2020（令和2）年度では，クラブ数26,625か所，登録児童数1,311,008人である。子育て家庭以外にあまり知られていないためか，社会問題として認識されていないようであるが「小一の壁」等といわれ，受け入れ人数が少なく待機児童問題等が深刻である。児童厚生施設は，児童館4,453か所，児童遊園2,221か所等が設置されている〔2019（令和元）年〕。児童館によっては，中学生や高校生の利用が活発なところもある。放課後等デイサービスは，児童福祉法第6条の2の2第4項に規定されており，小学校等に就学している障害児に対して，放課後の時間帯に生活能力の向上のために必要な訓練や社会との交流の促進等を推進している。現在，利用者が増加しており，2019（令和元）年度に13,568か所設置されている[4]。

　社会的養護に関しては，児童養護施設の利用が多く，31,365人，609か所が

*5　児童扶養手当法に基づいて実施されており，制度変更も度重なる。現在では，父子家庭も受給対象になっている。

*6　相対的貧困率
　等価可処分所得（世帯の可処分所得を世帯員数の平方根で割った値）の中央値の半分に満たない割合。

*7　児童福祉法第40条「児童厚生施設は，児童遊園，児童館等児童に健全な遊びを与えて，その健康を増進し，又は情操をゆたかにすることを目的とする施設とする」

4）　財務省財政制度分科会（令和2年11月2日）資料「社会保障について②」2020, p.27.

設置されており，虐待されている児童の保護が多くなっている〔2019（令和元）年〕。この他に，放課後児童クラブと放課後子供教室が一体的な実施を推進する新・放課後子ども総合プラン[*8]がある。同プランでは，放課後児童クラブの待機児童「小一の壁」の解消を目指し，学校施設の活用等を行いながら利用者を約122万人から約152万人に増加させることを目標としている。

## （1）急拡大する放課後児童健全育成事業の現状

小学生以上を対象とした子ども家庭福祉の領域で，急拡大しており，なおかつ，2020（令和2）年のコロナ禍においても保育所同様に開所の要望が高いことにより世間の耳目を集めているのが放課後児童クラブ（放課後児童健全育成事業）である。放課後児童健全育成事業は，児童福祉法第6条の3第2項に「小学校に就学している児童であって，その保護者が労働等により昼間家庭にいないものに，授業の終了後に児童厚生施設等の施設を利用して適切な遊び及び生活の場を与えて，その健全な育成を図る事業」と定められているが，これまでほとんど注目されてこなかった領域でもある。

放課後児童クラブは，あまり注目されてこなかった一方で，厚生労働省の調査[*9]を参照すると待機児童が多いことがわかる。これは，放課後児童クラブの課題というよりは，子ども家庭福祉施策の構造的な課題である。年齢別の保育所等利用数は2019（平成31）年4月の3歳以上児は1,583,401人であるため，50万人強の子どもが当該年度に卒所していることになる。そして，翌年7月の放

＊8　新・放課後子ども総合プラン

文部科学省が推進している事業で，放課後等に小学校の余裕教室等を活用して，子どもたちの居場所を設けている。

＊9　放課後児童クラブについては厚生労働省「令和2年（2020年）放課後児童健全育成事業（放課後児童クラブ）の実施状況（令和2年（2020年）5月1日現在）」を参照。保育所については，厚生労働省「保育所等関連状況取りまとめ（平成31年4月1日）」を参照した。

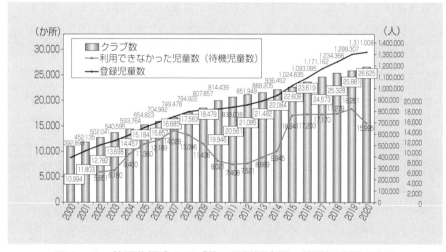

**図12-4　放課後児童クラブ数，登録児童数，待機児童数の変遷**

注）1．各年5月1日現在 厚生労働省調査
　　2．本調査は1998（平成10）年より実施
　　　　出典）厚生労働省『令和2年 放課後児童健全育成事業（放課後児童クラブ）の実施状況』．

課後児童クラブの小学校1年生の登録児童数は414,050人となっている。そのため，昨年まで保育所に通っていた子どもの多くは，放課後児童クラブにも通いたいのではないかと想定すると，約10万人分の受け入れ人数が不足しているのではないかと考えられる。これを解消するために，「新・放課後子ども総合プラン」（2018年）が2023（令和5）年度までに約30万人分の定員増を計画している。現在，放課後児童クラブに登録している子どもの約3割が小学校1年生なので，この約30万人分の定員増，つまり小学校1年生の受け入れ人数を約9万人分増加する政策目標は妥当性が高いといえる。しかしながら，保育所でも同様であるが，預け先が充実してくれば，それに伴い待機児童が増加する傾向もみられる。この他にも，現在の放課後児童クラブに，それだけの子どもを受け入れることが可能かという問題もあり，こうした諸課題にも注視していかなければならないだろう。

## （2）学童保育・放課後児童クラブの展開と現代の施策

　こうした放課後児童クラブの発祥についての詳細は不明であるが，戦前から類似する取組が行われていたようである[*10]。その後，1970年代頃から学童保育という名称が広く認知されるようになり，国からの補助も開始される。そして，児童館を中心に「カギっ子」対策や，民間では「学童保育所つくり運動」等が展開されていく。こうして民間が主体となった取組が続くが，1997（平成9）年，児童福祉法及び社会福祉事業法が改正され，翌1998（平成10）年に施行され，これまで学童保育と称してきた取組は，法律に放課後児童健全育成事業として位置付けられた。さらに2007（平成19）年には「放課後児童クラブガイドラインについて」が厚生労働省より通知された。続いて，2014（平成26）年に厚生労働省令として「放課後児童健全育成事業の設備及び運営の基準」が定められ，翌2015（平成27）年には「放課後児童クラブ運営指針」が通知され，ガイドラインは廃止された。

　放課後児童クラブの制度が整うと，法制化後の2000（平成12）年から2019（令和元）年までの間に登録児童数が約3.3倍，クラブ数が約2.4倍（図12-4参照），国庫補助総額は56億9,000万円から887億7,000万の15.6倍[5]に増加しており，放課後児童支援員等の人数も2012（平成24）年の約9万2,500人から2019（令和元）年の15万3,414人と1.6倍に増加している。このように，児童期を対象とした子ども家庭福祉の充実も図られている。

*10　石原剛志・増山均・前田美子「課題研究1　学童保育の源流を探る−歴史に学び，地域のなかで学童保育とは何かを問う−」日本学童保育学会第9回研究大会プログラム，2018，pp.2−11や石原剛志「日本の学童保育史研究の現状と課題」学童保育，第9巻，2019，pp.3−9等を参照すると，学童保育に関する歴史的な研究は少ないため，どういった条件が一致して入れば，放課後児童クラブもしくは学童保育の前身といえるのか，未だコンセンサスが得られていないようである。

5）　全国学童保育連絡協議会「学童保育（放課後児童クラブ）の実施状況調査結果について」2019，p.21.

## ● 演習課題

**課題1**：教育や福祉に関する法令や施策は，しばしば変更される。それでは，現在の子育て支援施策においては，どのようなところに，もっと充実した取組が必要だろうか。

**課題2**：放課後児童クラブは，子どものどのような能力を伸ばしやすいか考えてみよう。

**課題3**：放課後児童クラブの質的向上に，高等教育機関は，どのような貢献が可能だろうか。

---

### コラム　これからの放課後児童支援員の養成に向けて

#### ある放課後児童クラブの日常

　「おかえり」。放課後児童クラブでは，この声掛けから始まる。「ただいまー。今日，先生にシールもらったんよー」。学校の様子を教えてくれると，すぐに自分のロッカーにランドセルを置き，私服に着替える。そして，学校生活と区切りをつけて自宅で過ごすように，宿題をして，おやつを食べる。年上の子どもが「ケイドロやろうや」と言うと，周りの子どもたちが「オレもやりたい」「なら，早ようおやつ食えやー」「ちょー待ってやー」そんな会話があり，子どもたちは屋外に出て行く。放課後児童クラブでは異年齢集団が当たり前。年齢でルールを変えることもある。日が暮れると屋内へと戻ってくる。屋内ではカロムで盛り上がる。カロムは盤上のコマを打ち合う遊びだ。そうしているうちに保護者が迎えにくる。保護者が「帰ろう」と言っても「もっと遊びたい！」という子どももいる。そんな様子は，子どもを安心して安全に預けられる証左でもある。

（作成協力：倉敷市二福のびのびクラブ 放課後児童支援員 桑田翔樹）

---

　上記の事例のように放課後児童クラブで子どもたちの健全育成を支え，安心・安全を保障しているのが，放課後児童支援員である。しかしながら，放課後児童支援員は，高等教育機関等で養成が行われていない。現在，放課後児童クラブは，慢性的な人手不足であるが，現時点の規模〔クラブ数26,625か所，登録児童数1,311,008人，2020（令和2）年〕があるにもかかわらず，高等教育機関等での養成が行われていなければ当然の帰結である。そして，人手不足は，放課後児童クラブで行われる育成支援の質にも影響してくるであろう。子どもにとって放課後児童クラブは，場合によっては，小学校よりも長い時間を過ごすこともある。子どもに，より質の高い放課後の時間を提供するためには，放課後児童支援員の養成を高等教育機関で取り組むべきときが来ているのではないだろうか。

# 第13章 教育に潜むアンコンシャス・バイアスを浮き彫りにする

　自分でも気付かない偏見，アンコンシャス・バイアス*1は教育の場にも存在する。保育者（幼稚園教諭，保育士，保育教諭をいう）がもつアンコンシャス・バイアスによって，本来目的としていないメッセージを子どもたちに伝えてしまうことを隠れたカリキュラムという。社会的につくられた性別によるジェンダー・バイアスは隠れたカリキュラムに大きく影響し，子どもたちに偏った価値観を伝え，性別による不平等と差別を生み出す。乳幼児期はジェンダー平等の基盤をつくる重要な時期であり，保育者がジェンダーに敏感な視点をもつことが必要である。

## 1 教育の場におけるアンコンシャス・バイアス

＊1　unconscious biasは無意識の偏見と訳す。

### （1）アンコンシャス・バイアスとは

　私たちは育つ環境や，性別や職業等の属性によって，知らず知らずのうちに様々な価値観が形成され，その価値観をもとに物事に対する評価や行動をしている。その中で科学的な裏付けがなく，根拠に乏しい，自分で意識していない偏りのある見方や歪んだ認知をアンコンシャス・バイアスと呼ぶ。例えば，「関西人だからノリがよい」「店員が外国人だと不安だ」「イスラム教徒は宗教上の制約が多く一緒に働くことは難しいので採用しない」等の人種や民族，出身地，宗教によって性格や能力を決め付けること，「女の子は愛嬌があることが一番」「男は一家の大黒柱とならなければいけない」「子どもがいる女性には重要な仕事は任せられない」等の性別によって異なった役割を求めること，「高齢者の発言をぞんざいに扱う」「若い人には無理だと思う」等の年齢によって対応や期待する行動が異なること等があげられる。アンコンシャス・バイアスは誰もがもち得るが，決め付けや押し付けによりマイノリティや社会的な立

場の弱い人が不利益を受けることが多く，人権を脅かす可能性もある。

　特に社会や組織においてアンコンシャス・バイアスはその集団の意欲を削ぎ，不平等を生み出す。例えば「男性は育児休暇を取らないだろう」「新人が意見を言うべきではない」「外国人がリーダーにはなれない」等の言葉に表れる。このような状況によって，それぞれがもつ能力を発揮する機会を狭められたり，成果が正しく評価されない等が予想される。近年では企業が人種，性別，年齢，宗教等にとらわれずに多様な人材を採用し，その人のもつ能力を活かしていこうとする取組であるダイバーシティ（diversity*2）の考えも普及しつつある。アンコンシャス・バイアスに気付くことで，多様な価値観を取り入れることが可能となる。一人一人の権利が守られ，個性や能力を活かせる社会や組織には，それまでにない改革を生み出すことが期待できる。

**＊2　ダイバーシティ**
　英語の形容詞diverse（多様な）の名詞形。多様性と訳す。

## （2）教育の場でのアンコンシャス・バイアスとジェンダー

　教育の場にも，多くのアンコンシャス・バイアスが存在する。例えば，保育者が今までの経験に基づき，状況に合わせて子どもや保護者への対応を変えることもあるが，保護者の職業や家庭状況によって推測し，「貧困家庭だから手厚くしないと不安」「ひとり親家庭はお迎えが遅れる」等と考えることもアンコンシャス・バイアスによる。さらに問題となるアンコンシャス・バイアスとして性別に関わるものがあり，それをジェンダー・バイアスという。ジェンダーとは，社会からの働き掛けによって形成される性役割を示し，生まれもった生物学的な性とは区別される。

　現在でも保育者は圧倒的に女性が多く，それはケアを中心とする仕事は女性が向いているというジェンダー・バイアスを，長い間社会がもち続けてきた結果ともいえる。近年，男性保育者が増加しつつあるが，男性保育者に向ける採用者や同僚，保護者の期待やまなざしは女性保育者に対するものと異なる場合も多い。例えば「男の先生だから体を使ったダイナミックな遊びをやってもらう」「男性だから細かな配慮ができない」等である。また，男性保育者自身が「女性にできないことをやらなければならない」と考える傾向[1]もある。しかし，保育には高い専門性が求められ，そこに男女の差があるものではない。

1）金子省子・青野篤子「ジェンダーの視点で捉えた保育環境と保育者のジェンダー観」日本家政学会誌，**59**（6），2008，pp.363-372.

## 2 隠れたカリキュラムについて考える

### （1）隠れたカリキュラムとは

　就学前施設（幼稚園，保育所，認定こども園をいう）やそれ以降の学校では保育・教育目標が設定され，目標に基づいたカリキュラムが作成されている。しかし，実際には目標として設定された事柄のみが子どもたちに伝わるわけではなく，それ以外の事柄も子どもたちに伝わっていく。このように，教育的環境の中で意図的に計画されたこと以外の要素を子どもが学び取っていくことを隠れたカリキュラムという。隠れたカリキュラムには，性別や人種による対応の違い，言葉掛けの回数の違い等，保育者が無意識のうちに子どもの属性によって異なる対応をしている例と，関わりの中で本来の保育者の意図と異なるメッセージが子どもへ伝達されてしまう例がある。

　就学前施設における隠れたカリキュラムの仕組みを，図13-1に沿って説明する。図中①は保育目標に基づいた計画を立て，保育を実践していく中で，子どもたちは保育者が立てた目標を達成していく過程である。②は保育目標に基づいた計画を立て，保育を実践していく中で，目標とは異なるメッセージを子どもたちが受け取り，取り込んでしまう過程である。例えば，活動を楽しむ等のねらいを設定した保育を行う際，保育者はそのねらいを達成しようと「楽しいね」のような言葉掛けを多く行うかもしれない。保育者の意図と子どもの気持ちとの差異が生じても，子どもは保育者の思いを汲み取り，「楽しい」と伝え，保育者の期待に沿った行動をとる。保育者はその行動をほめ，その行動が

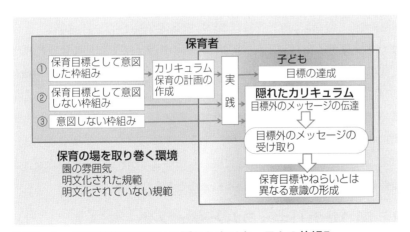

図13-1　就学前施設における隠れたカリキュラムの仕組み

筆者作成.

周りの子どもに伝播していく。それらは集団の雰囲気をつくりだし、明文化されない規範をつくっていく。③は実践の中で保育者がアンコンシャス・バイアスに気付かずに行動化され、子どもたちがそのメッセージを受け、取り込んでいく過程である。例えば「運動が好きな保育者が知らず知らずのうちに、運動の得意な子どもばかりをほめ、苦手な子どもが引っ込み思案になっていく」「園全体に人と違うものを許容しない雰囲気があり、子どもたちの中でも自然と同じ行動ができない子どもを非難する雰囲気が生まれる」等である。

さらに、ジェンダー・バイアスは隠れたカリキュラムに大きく影響し、子どもたちに性別による偏った価値観を伝え、不平等と差別を生み出す。隠れたカリキュラムの多くはすぐにその影響が表れるものではなく、長い時間を掛けて子どもたちの考え方や規範、行動を方向付けていくため、保育者がその実情に気付くには意識的な取組が必要となってくる。

## （2）ジェンダーによる差別

日本国憲法では、法の下の平等を定める第14条第1項に性別による「差別」が禁止されているが、現在でも社会や学校生活における性別による規範や差別が存在している。男女で異なる服装や態度、言葉遣い等が求められ、進学や職業選択の幅が制限されることもある。その規範や差別は何世代も継承されてきた文化的な価値観によるものであり、両性に平等なものではなく、思い込みによって固定的な役割を押し付けるものがほとんどである。「男女は生物学的に異なるので、その対応が違うのは当然である」という性別特性論の考え方があるが、性別に基づく行動の多くは人間の生得的なものではなく、特定の文化の中で育つことにより固定的概念が刷り込まれた結果として引き起こされていると考えられる[2]。特に女性への差別は世界的な課題であり、SDGs[*3]（持続可能な開発目標）でもジェンダー平等についての目標が掲げられている。

また、一見するとジェンダー平等のための配慮がされているように見えても、実際は不平等な結果になっていることが多数ある。例えば男女雇用機会均等法[*4]において、性別を理由とする差別の禁止や婚姻、妊娠・出産等を理由とする不利益取扱いの禁止等が定められているにもかかわらず、正社員に占める女性の割合は25.7％であり、総合職では20.1％に過ぎない[3]。機会を平等に近づけることが必ずしも結果の平等に繋がらないことがわかる。これは女性が社会規範により行動を制限されている結果だと考えられる。

## （3）隠れたカリキュラムとジェンダー

多くの子どもたちは生まれてすぐに男児と女児に分けられた期待をされ、性

2）伊藤秀章「セックスかジェンダーか？－概念、定義、用語使用をめぐる考察－」心理学評論、38（3）、1995、pp.441-461.

＊3　SDGs
エス・ディー・ジーズ（Sustainable Development Goals）の略称。国連加盟国が世界の課題を2030年までに協働し改善していくための具体的目標。貧困・飢餓・衛生、ジェンダー平等等の人が生きることに関する課題、働きがい・経済成長・技術革新・クリーンエネルギー等の先進国や企業が取り組むべき課題、気候変動、海洋資源、生物多様性等のグローバルな課題、さらに世界平和と人々の協力が目標としてあげられている。

＊4　正式な名称は「雇用の分野における男女の均等な機会及び待遇の確保等に関する法律」である。

3）厚生労働省「令和元年度雇用均等基本調査」2020、p.1.

別により異なる言葉，衣類，玩具を与えられて育つ。そのような社会環境の中で，子どもたちは3歳前後には固定的なジェンダー観をもち始めるが，周囲はそのことに疑問をもたず，男の子らしく女の子らしく育っていることに安心をする。また，家庭だけではなく玩具*5や子ども向けのテレビ番組等も男女それぞれを対象に作られたものが多い*6。

教育基本法第4条では性別によって教育上差別されないと示され，保育所保育指針では，「子どもの性差や個人差にも留意しつつ，性別などによる固定的な意識を植え付けることがないようにすること4)」と明記されている。このように就学前施設やそれ以降の学校でも男女は平等であることが前提となっているが，隠れたカリキュラムの中で学校自体がジェンダー差別を生産し，さらに強固なものとしている状況がある。図13-2は日本の学校教育において，学校が子どもたちにどのようなジェンダー観を形成しているか，各段階にまとめたものである。

幼児期は性別で分ける必要がある場面は少なく，一見，男女差のない保育をしているようにみえる。しかし，子どもたちが自分の性別を理解し始めることから，保育者は指示等を出す際に男女別に伝えることに利便性を感じ，実際には多くの場面で性別カテゴリーや性役割の決め付けがあることがわかっている5)。「男の子から先に行くよ」「女の子はこっち」「さすが男の子は頼りになるね」「女子は忘れ物が少ないね」等，何気ない一言でも，積み重なり強化されていくことで，それらが性別による優位や特性だと考えるようになり，最終的には進路選択，個人の生き方に繋がっていく。それは個々がもった本来の力

*5　玩具会社は性別を前提とした玩具を開発し，玩具売り場でも性別で場所を分けていることが多い。ただし，近年はジェンダー平等を意識した動きもみられ始めている。

*6　子ども向け番組では女子は男子に守られる存在として表現されていたが，近年は男女にとらわれない生き方を描いたものもみられる。人気アニメ「HUGっと！プリキュア」では「（ウェディングドレスを着た男の子が）僕は着たいものを着る」，「人の心をしばるな！」「男の子だって，お姫さまになれる！」といったせりふがあり，ジェンダー問題に切り込んでいると話題になった。

4）厚生労働省『保育所保育指針』〔第2章4（1）〕2017.

5）青野篤子「園の隠れたカリキュラムと保育者の意識」福山大学人間文化学部紀要，8，2008，pp.19-34.

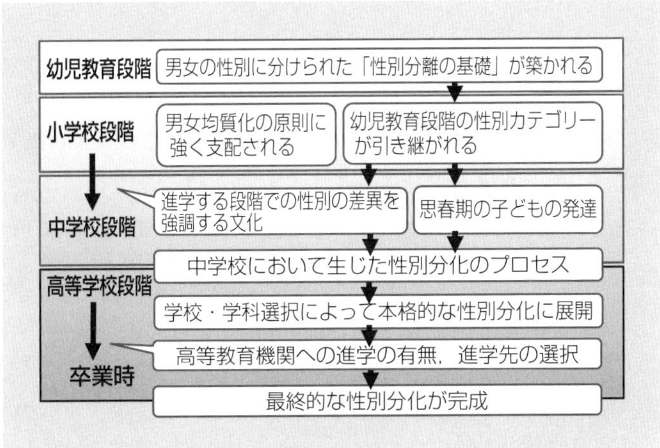

図13-2　各学校段階によるジェンダー観の形成

出典）木村涼子『学校文化とジェンダー』勁草書房，1999，pp27-28.を参考に筆者が再構成.

を発揮する機会を失うことに繋がる。

　多くの子どもにとって就学前施設での生活は、初めて家庭外の価値観と出会う場でもあり、子どもへジェンダー平等の意識を伝える重要な時期だと考えられる。就学前施設での学びが、子どもたちが社会や家庭環境において、今まで取り入れてきた不平等なジェンダー観をさらに強固にするのか、子どもが性別にとらわれずにのびのびと自分らしく生きていける基盤をつくるのか、その差は非常に大きいと考えられる。

## 3 ジェンダーに配慮した保育・教育の実践事例

### （1）ジェンダーに敏感な視点[*7]

＊7　ジェンダーに敏感な視点

　一見すると男女平等にみえることも、その結果は平等になっていないことがあるため、男女への実質的な影響を検討しようとするものである。

　私たちはどのようにして隠れたカリキュラムに気付き、保育・教育現場でのジェンダーの不平等をなくしていったらよいのだろうか。保育者自身の考えの偏りを確認した上で、保育・教育の環境と内容を見直し、その一つ一つがどのような意味を含んでいるのかを吟味する必要がある。そのためには保育者がジェンダーに敏感な視点をもつことが重要な要素となる。ここでは就学前施設の事例を取り上げる。表13−1に就学前施設でジェンダー・バイアスに気付くための視点をまとめた。

### （2）就学前施設のジェンダー平等に関する実践事例

#### 事例13−1　幼稚園の実践−改革の取組−

　A幼稚園は、伝統のある私立の幼稚園で「女の子は女らしく、男の子は男らしく」と旧式のジェンダー観に則った保育方針を重視していた。しかし10年ほど前から、保護者より、発表会の衣装や製作の際に「フリルやリボン等を女の子全員に付けることをやめてほしい」「男児だけど、かわいいものが好きなので」等、個々の状況に応じた保育をして欲しいとの要望が出始めた。

　メディアがジェンダー平等を取りあげ始めたこともあり、先生たちはジェンダーについて自分たちで学び、その内容を共有した。他園や小学校に赴き、取組の様子を聞き、自分たちの園でどこまでできるかを話し合った。その結果、男女で異なるマークや色の使用、ロッカーの男女別の配置等をやめることにした。保護者の中には固定的なジェンダー観をもち、それと異なる状況で保育されることを恐れている人もいた。最初から色分けをやめたわけではなく、黄色やオレンジ、緑等の性別にとらわれづらい色を使用しながら、保護者のジェンダーへの固定的なイメージを外すように活動を進めた。最終的には男女別の配置や色分けはなくし、好きな色を子ども自身が選べる環境にした。

### 表13-1　就学前施設の中のジェンダー・バイアスに気付くための視点

| | | A性別による不必要な二分法，B役割付け，C上下関係，D機会不均等等の具体的内容 |
|---|---|---|
| 園の環境 | A | ○コップ，タオル掛け，ロッカー，掲示物の配置が男女別。○物の配置を示す色やマークが性別によって決められている。 |
| | B | ○掲示物は男児が上部。 |
| 園の慣例 | A | ○制服が男女別指定。○身に着けるもの（鞄，帽子，靴，体操服，名札等）の色や形が男女で異なるものを指定。○配布教材の模様や色が男女で異なる。○整列，グループ分けを男女別で行う。○健康調査・出席等の統計を男女別に算出する。○集合写真の場所を男女で分け，男女別のポーズ（手の位置や足の開き等）を指定する。 |
| | B | ○運動会の競技等で男女の実施内容や役割が異なる。○発表会の劇等で役により性別を指定する。 |
| | C | ○代表者は男児を選ぶ。 |
| 園の生活 | A | ○男女別の名簿を使用する。座席の位置を男児と女児で区分する。○「女の子はここに並んで」のように性別ごとに指示を出す。○男女1名ずつ等，性別を指定して係の選出を行う。 |
| | B | ○係の役割によって男女どちらが担当するか決まっている。 |
| | C | ○出席を取るときに男児を先に呼ぶ。○移動のとき等，男児から呼び掛ける。 |
| 保育者と子ども | A | ○「くん・さん・ちゃん」等，呼称を性別に基づいて変える。 |
| | AB | ○「女の子同士でやろうね」等同性同士で組むことに安心感を与える。 |
| | BD | ○言葉掛けの方法が男女で異なる。○「女の子だから，男の子だから」と性別を理由にした説明を行う。○子どもの発言（例えば将来の夢等）に対して男女差のあるコメントをする。 |
| 子ども同士 | A | ○遊びのときに男女で分かれる。遊びの種類を男女別に認識している。 |
| | B | ○ごっこ遊びの役割を男女で決める。 |
| | BC | ○「女は〜，男は〜」といった発言がある。○「女みたい」「男のくせに」等の性別に関するからかいや悪口がある。 |
| 保育者間 | A | ○保育者同士の呼称を男女で変える（くん，さん）。 |
| | B | ○男性保育者は年長クラスを担当する。力仕事は男性保育者と決める。 |
| | C | ○若い女性の保育者を「ちゃん」付けで呼ぶ。 |
| 運営 | D | ○男性の採用や実習受け入れを拒否する。○男性保育者用のトイレ等の設備がない。○女性保育者が結婚や妊娠をしたら退職しなければならない雰囲気がある。 |
| 園から保護者 | A | ○父と母で異なる親の会が設置されている。父親に特化した行事を設ける。 |
| | B | ○子どもに関することは母親に連絡をする。 |
| | BC | ○父親がいても「お母さま方」と呼ぶ。 |
| 保護者から園 | AB | ○男女で対応を変えない保育に不安を感じる。 |
| | B | ○男の子らしく，女の子らしく育って欲しいと思い，園の保育にもそれを望む。○男性保育者に対して不信感をもつ。 |
| | C | ○園長は女性より男性がよいと感じる。○保護者名は父親の氏名を記載する。 |

出典）木村育恵『学校社会の中のジェンダー　教師たちのエスノメソドロジー』東京学芸大学出版会，2014．pp.114-115．木村が作成したものを参考に筆者が就学前施設を対象とし，再構成．

**事例13－2　保育園の実践－研修を通しての気付き－**

　公立のB保育園では人権研修でジェンダーに関する事項を取り上げている。子どもの性別によって班分けをすること，色で男女を分けること，遊びを決め付けたりしては断じていけないと学んだ。実際に多くの子どもたちは，色によって男女の違いがあるとは思っておらず，純粋にかわいいものやきれいなものに興味をもっている。しかし，保育園でジェンダーに配慮をしていても，4，5歳になると子ども同士で「男でピンクは変」等と言うようになる。それは保育園以外の場所で，固定的な男らしさや女らしさを求められる場面があるのだろう。

　最近は年齢が低くても敬称を「さん」で統一しようと取組んでいる。最初のうちは違和感があったが，保育者という自分の立場を考えると，保育園でしっかり取り組んでいくことが，この先の男女平等の基盤につながるのだろうと思うようになった。研修を受けていなければ，ジェンダーによる差別と気付かないことがたくさんあっただろうと感じている。

## （3）2つの実践事例から

　A園では保護者からの要望から始まった取組が，さらに保育者と保護者全体の意識の変化へと繋がった。B園の事例にもあるように，子どものジェンダー観は就学前施設のみで育つものではないことから，保護者と共に学んでいけるよう，ジェンダーに関する事項を取り上げる機会を就学前施設でつくっていく必要がある。また，研修での学びが，保育者がよりジェンダーに敏感な視点をもつきっかけとなっていることがわかる。

### ●演習課題

**課題1**：自分の中にあるアンコンシャス・バイアスを見つけよう。

**課題2**：身の回りにあるジェンダーに関する不平等について話し合ってみよう。

**課題3**：就学前施設での隠れたカリキュラムとジェンダー平等に配慮した保育内容を考えてみよう。

## コラム　　性の多様性を知る　－自分らしく生きる・LGBT－

　LGBTは，レズビアン（lesbian），ゲイ（gay），バイセクシャル（bisexual），トランスジェンダー（transgender），それぞれの頭文字からとった性的マイノリティの総称です。性は，身体的な性差で決められる「身体の性」，自分が思う心の性である「性自認」，恋愛対象の傾向を示す「性的指向」，服装やしぐさ，言葉遣い等の「性表現」等の要素があり，これらが複雑に組み合わさっています。つまり人の性は男女の2つにはっきりと分けられるものではなく，虹のようにグラデーションがかかったものなのです。LGBT総合研究所の2019（令和元）年の調査では性的マイノリティに該当する人が約10％いることを明らかにしています*。性的マイノリティの人たちの多くは，就学前から自分の性や社会から期待される性役割に違和感をもち，辛さを感じています。男女を二分して考えるのではなく一人一人の存在を大切にする社会にしていくことが必要です。

　性的マイノリティ当事者の保育士，村尾さんのお話を紹介します。

---

　私は保育園に勤務して5年目になる男性保育士です。性別適合手術を受け，戸籍も女性から男性に変えました。自分の性への違和感は小さい頃からありましたが，女の子としてみられていることはわかっていました。5歳くらいの時，保育園で借りたパンツがたまたま男児用で，自分にしっくりくる服だと感じうれしく思いました。母にその気持ちを伝えたら「何言っているの，それならずっと履いときなさい」と言われ，この気持ちは出したらいけないと子ども心に思いました。

　小学校高学年以降，第二次性徴に伴って，さらに違和感は増し辛く苦しい毎日でした。諦めて女性のふりをするしかないと思っていましたが，保育者になるために入学した短大のゼミでLGBTについて学ぶ機会を得ました。本来の自分ではない生活の中，私は心身を病んでいました。このままではいられない，自分の気持ちを表そうと考え，友だち，先生，家族にカミングアウトし，多くの人が私の気持ちに寄り添ってくれました。

　就職活動では，多くの困難がありました。例えば履歴書の男女の丸を付ける欄を前に，どうしようかと何時間も悩み，泣きながら考えました。就職活動での戸惑いは，自分がどのように働き，どういう保育をしたいのかを考えることに繋がり，多様な人を受け入れている園で働きたいと思うようになりました。

　現在の勤め先には「今の性別は女性だけど男性として男性名で働きたい」と伝えました。「今後，性転換手術をする場合は，園の状況に合わせて長期の休みも取っていい。男性名で働いても構わないし，保護者にも男性名で紹介する」と言ってもらえ，実際に入職の際には，先生にも保護者にも男性保育士として紹介してくれました。

　保育の中で子どもを男女で分けることは極力減らしたほうがよいと思っています。男女で分けられるとき，間違って立ち上がる子どももいます。そのときに先生に「違うよ」と言われる

ことで自分は男の子，女の子と枠にはめてしまうことになります。性別で決めた「くん」「ちゃん」の呼び方も同様です。勤務園は，子どもに対しても先生に対しても，もっている能力を発揮できるよう一人一人をきちんとみていこうとする雰囲気があります。それは性的マイノリティとか関係ありません。様々な人がいるのが当然で，自分は自分でいて大丈夫と思える保育を目指していきたいと考えています。

＊　LGBT総合研究所「LGBT意識行動調査2019」2019.

# 第14章 現代の教育課題とこれからの教育の行方を考える

本章では，2021（令和3）年1月26日に発出された中央教育審議会の答申「『令和の日本型学校教育』の構築を目指して〜全ての子供たちの可能性を引き出す，個別最適な学びと，協働的な学びの実現〜」を考察の主たる素材にして，現代の教育課題とこれからの教育の行方の一端を展望したい。周知のように，文部科学省に常設される中央教育審議会は，我が国の教育政策の基本的方向を策定する上で重要な役割を担っており，これからの教育動向を探る上で，その答申内容はまさに好個の素材といえる。本答申は，これから新たに教育・保育関係者を目指す学生だけではなく，現職の人々もこれからの教育の行方を探り，自身の今後のあるべき姿を考える上で，必ず通読してほしい重要資料である。

## 1 答申の構成

この答申は，二部構成であり，第一部は総論，第二部は各論からなる。まず，総論は① 急激に変化する時代の中で育むべき資質・能力，② 日本型学校教育の成り立ちと成果，直面する課題と新たな動きについて，③ 2020年代を通じて実現すべき「令和の日本型学校教育」の姿，④「令和の日本型学校教育」の構築に向けた今後の方向性，⑤「令和の日本型学校教育」の構築に向けたICT*1の活用に関する基本的な考え方の5節構成で，改革の基本的な方向性を示している。

続く各論は，① 幼児教育の質の向上について，② 9年間を見通した新時代の義務教育の在り方について，③ 新時代に対応した高等学校教育等の在り方について，④ 新時代の特別支援教育の在り方について，⑤ 増加する外国人児童生徒等への教育の在り方について，⑥ 遠隔・オンライン教育*2を含むICTを活用した学びの在り方について，⑦ 新時代の学びを支える環境整備につい

＊1 ICT
p.92の側注＊3を参照。

＊2 遠隔・オンライン教育
遠隔教育は，教師と生徒が地理的に離れた状態で教育指導を受ける授業形態のことであり，郵便やラジオ，テレビ等を用いた，いわゆる通信教育やインターネットを活用した学習形態等を指すが，オンライン教育は，専ら後者のインターネットを活用したものを指している。

＊3　Society5.0
　p.97の側注＊1を参
照。

て，⑧　人口動態等を踏まえた学校運営や学校施設の在り方について，
⑨　Society5.0*³時代における教師及び教職員組織の在り方について，の節で構
成され，本答申の主題通り，令和時代のあるべき新しい学校教育の全体像を網
羅しつつ，各々の節で具体的な方策を明示している。そして，最後に，「今後
更に検討を要する事項」を示して締め括っている。

　本章では，紙幅の都合上，答申内容の全てを詳細にわたって検討することは
できないが，今後の我が国の教育の行方を考察する上で，筆者が特に注視する
部分に焦点化して論究してみたい。

## 2　答申内容（総論）の解説

### （1）時代・社会状況の認識と育むべき資質・能力

　答申の総論では，まず，今日の社会状況を社会の在り方が劇的に変わる
「Society5.0時代」の到来と位置付け，今般の新型コロナウィルスの感染拡大
によって先行きが益々不透明な「予測困難な時代」となっているとの認識を提
示している。それゆえ，先般示された直近の学習指導要領を着実に実施し，
ICTを積極的に活用して，「一人一人の児童生徒が，自分のよさや可能性を認
識するとともに，あらゆる他者を価値ある存在として尊重し，多様な人々と協
働しながら様々な社会的変化を乗り越え，豊かな人生を切り拓き，持続可能な
社会の創り手となることができるよう」にすることが必要であると説いている。

### （2）これまでの教育の成果と課題

　次に，答申では，これまで学校が学習指導のみならず，生徒指導の面でも主
要な役割を担い，児童生徒の状況を総合的に把握して教師が指導を行うこと
で，子どもたちの知・徳・体を一体で育んできた「日本型学校教育」は，諸外
国からも高く評価されていると述べている。また，新型コロナウイルス感染症
の感染拡大防止のため，全国的に学校の臨時休業措置が取られたことにより，
これまで学校が果たしてきた①　学習機会と学力保障，②　全人的な発達・成長
の保障，③　身体的，精神的な健康の保障（安全・安心につながることができる居
場所・セーフティネット*⁴）の重要性が，改めて確認されたと指摘している。

＊4　セーフティネッ
ト
　個人や組織に予期せ
ぬ災害や事故あるいは
経済的な危機が生じた
時，最悪の事態から保
護する仕組みを指す。
元々はサーカスの安全
網に由来する。

　しかし，それと同時に，今日我が国の学校教育は，以下に示すような深刻な
課題に直面しているとの危機意識も露わにする。すなわち，答申は①「本来で
あれば家庭や地域でなすべきことまでが学校に委ねられることになり，結果と
して学校及び教師が担うべき業務の範囲が拡大され，その負担を増大」させると

ともに，②「子供たちの多様化（特別支援教育を受ける児童生徒や外国人児童生徒等の増加，貧困・いじめの重大事態や不登校児童生徒数の増加等）」が進行しているという。さらに，答申は，③「生徒の学習意欲の低下」や，④「教師の長時間勤務による疲弊や教員採用倍率の低下，教師不足の深刻化」を指摘し，⑤「学習場面におけるデジタルデバイス*5の使用が低調である等，加速度的に進展する情報化への対応の遅れ」や，⑥「少子高齢化，人口減少による学校教育の維持とその質の保証に向けた取組の必要性」，そして⑦「新型コロナウイルス感染症の感染防止策と学校教育活動の両立，今後起こり得る新たな感性症への備えとしての教室環境や指導体制等の整備」，を今日的課題としている。

そして，これらの諸課題を克服すべく，答申は①「教育振興基本計画*6の理念（自立・協働・創造）の継承」，②「学校における働き方改革の推進」，③「GIGAスクール構想*7の実現」，さらには④「新学習指導要領の着実な実施」を通して，必要な改革を躊躇なく進めることで，従来の日本型学校教育を発展させ，「令和の日本型学校教育」を実現させるべきであると謳っている。

# （3）「令和の日本型学校教育」の姿

では，答申がいう「令和の日本型学校教育」とは具体的にどのようなものなのであろうか。

答申では，「令和の日本型学校教育」を「個別最適な学び」と「協働的な学び」の2つの観点からとらえており，興味深い。

## 1）個別最適な学び

「個別最適な学び」とは，従来指導する側からの視点として示されて来た「個に応じた指導」（指導の個別化と学習の個性化）を学習者の視点から整理し直した概念であるという。すなわち，支援が必要な子どもにより重点的な指導を行うこと等の効果的な指導を実現し，子どもの特性や学習進度等に応じ，指導方法・教材等の柔軟な提供・設定を行うこと等の「指導の個別化」に加えて，子どもの興味・関心等に応じ，一人一人に応じた学習活動や学習課題に取り組む機会を提供することで，子ども自身の学習が最適となるよう調整する「学習の個性化」を併せもつ概念である。

そのため，この学びには①　これまで以上に子どもの成長やつまずき，悩み等の理解に努め，個々の興味・関心・意欲等を踏まえてきめ細かく指導・支援すること，②　子どもが自ら学習の状況を把握し，主体的に学習を調整することができるよう促していくこと，そして，その際には③　ICTの活用により，学習履歴（スタディ・ログ*8）や生徒指導上のデータ，健康診断情報等を利活用

し，教師の負担を軽減することが重要であると説いている。

### ２）協働的な学び

　その一方で，答申は，上記の「個別最適な学び」が「孤立した学び」とならないよう，探求的な学習や体験活動等を通じ，子ども同士であるいは多様な他者と協働しながら，他者を価値ある存在として尊重し，様々な社会的な変化を乗り越え，持続可能な社会のつくり手となることができるよう，必要な資質・能力を育成する「協働的な学び」を充実させることも重要であるという。その際，集団の中で個が埋没してしまうことのないよう，一人一人のよい点や可能性を生かすことで，異なる考え方が組み合わさり，よりよい学びを生み出すことが大切であると指摘している。

　さらに，答申は，「協働的な学び」の中で知・徳・体を一体的に育むためには教師と子ども，子ども同士の関わり合い，自分の感覚や行為を通して理解する実習・実験，地域社会での体験活動等，様々な場面でリアルな体験を通じて学ぶことの重要性が，AI技術[*9]が高度に発達するSociety5.0時代にこそ一層高まると指摘している。併せて，答申は，「協働的な学び」においては，同一学年・学級はもとより，異学年間の学びや，ICTの活用による空間的・時間的制約を超えた他の学校の子ども等との学び合いも推奨している。

　つまり，本答申でいう「令和の日本型学校教育」とは，一人の子どもも取り残すことなく，全ての子どもたちの可能性を引き出すために，この２つの学び「個別最適な学び」と「協働的な学び」を「一体的に充実」させ，最新の学習指導要領で強く求められている「主体的・対話的で深い学び」を実現させた理想的な姿ととらえることができよう。

## （４）「令和の日本型学校教育」構築に向けた方向性

　次に，答申は，この「令和の日本型学校教育」の構築に向け，以下の６つの方向性を明示している。

### １）学校教育の質と多様性，包摂性を高め，教育の機会均等を実現する

　答申は，子どもたちの資質・能力を高めるため，基礎学力を保障してその才能を十分に伸ばし，社会性等を育むことができるよう，学校教育の質を高めること，そして学校の多様性と包摂性を高めることが重要であるという。また，ICTの活用や関係機関との連携を含め，学校教育に馴染めない子どもに対して実質的に学びの機会を保障するとともに，地理的条件にかかわらず，教育の質

＊9　AI技術
　Artificial Intelligence（人工知能）に関する技術のことを指し，本来人間がもっている認識や推論といった複雑で高度な作業をコンピュータでも可能にしようとする技術のこと。

と機会均等を確保することも重要であると述べている。

## ２）連携・分担による学校マネジメントを実現する

続いて，答申は，校長を中心に学校組織のマネジメント力の強化を図るとともに，学校内外との関係で「連携と分担」による学校マネジメントを実現することが重要であるという。さらに答申は，「学校・家庭・地域がそれぞれの役割と責任を果たし，相互に連携・協働して，地域全体で子供たちの成長を支えていく環境の整備」や「カリキュラム・マネジメント*10を進めつつ，学校が家庭や地域社会と連携して，社会とつながる協働的な学びを実現すること」の必要性も唱えている。

## ３）これまでの実践とICTとの最適な組合せを実現する

次に，答申は，ICTや先端技術の効果的な活用により，学習指導要領の着実な実施，個別に最適な学びや支援，可視化が難しかった学びの知見の共有等が可能になるとの認識を示している。そのためには，GIGAスクール構想の実現を最大限生かし，教師が対面指導と遠隔・オンライン教育とを使いこなすこと（ハイブリッド化）で，様々な課題を解決し，教育の質を向上させていくことが必要であるという。

## ４）履修主義・修得主義等を適切に組み合わせる

また，答申は，履修主義や修得主義等の長短を考慮して，その適切な組合せを推奨している。例えば，義務教育段階においては，進級や卒業の要件としては年齢主義を基本としつつも，教育課程の履修を判断する基準としては履修主義と修得主義の考え方を適切に組み合わせ，「個別最適な学び」と「協働的な学び」との関係も踏まえつつ，それぞれの長所を取り入れる努力を求めている。

## ５）感染症や災害の発生等を乗り越えて学びを保障する

さらに，答申は，今般の新型コロナウィルス感染症対応の経験も踏まえ，新たな感染症や災害発生等の緊急事態であっても必要な教育活動を継続することが重要であるという。このため，「新しい生活様式*11」も踏まえ，子どもの健康に対する意識の向上，衛生環境の整備や新しい時代の教室環境に応じた指導体制，必要な施設・設備の整備の必要性を説いている。

## ６）社会構造の変化の中で，持続的で魅力ある学校教育を実現する

６つ目の方向として，答申は，少子高齢化や人口減少等で社会構造が変化す

*10 **カリキュラム・マネジメント**

新学習指導要領で示されている「社会に開かれた教育過程」の理念の実現に向けて，学校教育に関わる様々な取組を，教育課程を中心に据えながら，組織的かつ計画的に実施し，教育活動の質の向上につなげていくこと。

*11 **新しい生活様式**

新型コロナウィルスの感染拡大を長期的に防ぐため考案された人々の行動モデルのこと。

る中，学校教育の持続可能性を確保しつつ魅力ある学校教育の実現に向け，必要な制度改正や運用改善を行う必要性を説いている。

## （5）「令和の日本型学校教育」構築に向けたICT活用の基本的な考え方

そして，総論の最後部分で，答申は，「令和の日本型学校教育」構築に向けたICT活用の基本的な考え方についても言及している。

答申は，これまで述べてきた「個別最適な学び」と「協働的な学び」を実現するためには，ICTが必要不可欠とのスタンスを取る。そして，これまでの教育実践とICTを組み合わせることで，様々な課題を解決し，教育の質の向上に繋げなければならないと説く。同時に，一方で，ICTを活用すること自体が目的化することがないよう，PDCAサイクルを意識し，効果検証・分析を行うこと，また健康面も含め，ICTが児童生徒に与える影響にも留意するよう注意喚起した上で，ICTの全面的な活用により，学校の組織文化，教師に求められる資質・能力も変わっていく中で，Society5.0時代にふさわしい学校教育の実現を強く求めている。

以上が，本答申（総論部分）で示されている内容の概略である。

## 3 答申（各論）上で特に注目される方策の検討

さて，既述のように，答申の後半部分にあたる各論は，9節構成でその内容は網羅的であり多岐にわたる。そのため，残りの紙幅では，特に筆者が注目する具体的な方策を2つだけ取り上げて論究しておきたい。

## （1）小学校高学年教科担任制の導入とそれに伴う教員養成の在り方

本答申において，最も注目されている方策の一つに小学校高学年における教科担任制の導入とそれに伴う教員養成の在り方がある。各論の2「9年間を見通した新時代の義務教育の在り方」の中で，答申は，小学校高学年での学習はより抽象的な思考力が高まり，各教科等の学習も高度化するため，系統的な指導による中学校への円滑な接続が求められるという。そのため，教科指導の専門性をもった教師によるきめ細かな指導を可能とする教科担任制の導入により授業の質の向上を図ることが重要であると述べている。また。このことにより，教師の負担軽減にも資するという。

導入の時期を「令和4年度を目途」と明示しているところも現実性の高さを

示しており，注目されるところである。導入を検討されている教科は，音楽や図画工作，家庭，体育等の先行実施されている専科指導を引き続き残しつつ，新たに外国語，理科，算数といった教科が例示されている。

これに伴って，それを担当する教員養成のあり方についても付言されており，注目される。現行制度においても，中学校教諭普通免許状保持者は，中学校での3年間の勤務と12単位分の認定講習等の受講により，小学校教諭二種免許状を取得したり（教育職員免許法別表第8），中学校教諭免許状を保有する者が当該教科に限定して小学校での授業担当を可能としている（教育職員免許法第16条の5）等の弾力的な運用は存在している。

しかし，今回の教科担任制の導入を踏まえると，これらの対応だけでは不十分であり，小学校と中学校の教職課程それぞれに開設を求めていた授業科目を共通に開設できる特例を設け，学生が両方の教諭の免許状を取得しやすい環境を整える必要があると述べている。

また，先述の教育職員免許法別表第8の規定は，中学校教諭免許状保持者が小学校専科教員として勤務した場合の経験年数を算定されておらず，この運用を弾力化して算定可能とすべきであるとしている。

小学校教育と中学校教育を義務教育9年間という視点から見通す考え方自体は，首肯できる部分も多い。ただ，懸念すべきは，これらの方策の実施が結果的に養成される教員の質的低下を招かないかという点である。特に昨今，教員志望者が大きく減少している中，単なる人員確保のための数合わせ策にならぬよう注視しておかなければなるまい。

## （2）高等学校普通科の弾力化・大綱化（普通科改革）

小学校高学年教科担任制の導入と並んで注目されるのが，高等学校普通科の改革である。

現行制度上，「普通教育を主とする学科」は普通科のみとされ，約7割の高校生が通学している。この学科を一括りにするのではなく，普通科を置く各学校がより特色化，魅力化に取り組むことを推進する観点から，その特色・魅力を可視化する学科名称を可能とする制度的措置を講じることを，答申は提言している。答申は，例示として，SDGs[12]の実現やSociety5.0の到来に伴う諸課題に対応するために，学際的・複合的な学問分野や新たな学問領域に即した最先端の特色・魅力ある学びに重点的に取り組む学科を提示する。さらに，高等学校が立地する地元市町村を中心とする地域社会が抱える諸課題に対応し，地域や社会の将来を担う人材の育成を図るために現在及び将来の地域社会が有する課題や魅力に着目した実践的な学びに重点的に取り組む学科等も示している。

＊12　**SDGs**
　p.116の側注＊3を参照。

　いずれの学科に関しても，その主張内容自体は理解できるものの，具体的な学科名称や教育課程が示されていない段階での評価は控えておきたい。しかし，特に前者に関しては，後期中等教育段階の高等学校でどの程度の教育水準を想定しているのだろうか，気になるところではある。

## 4 これからの教育の行方

　答申でも触れられている2020（令和2）年初頭に突如として出現した新型コロナウイルス感染症は，筆者がこの原稿を書いている2021（令和3）年2月上旬の時点でも，収束の兆しを見せておらず，日本においてもこの危機的な状況は変わらない。このようにコロナウイルスが蔓延化しつつある中，中央教育審議会初等中等教育分科会の「新しい時代の初等中等教育の在り方特別部会」は，6月11日の第9回会議をWeb上で開催し，新型コロナウイルスの感染リスクを踏まえた「初等中等教育におけるこれからの遠隔・オンライン教育等の在り方」について検討していた。そこでは，「感染症が収束していない『Withコロナ』段階では教師による対面指導と遠隔・オンライン教育との組み合わせによる新しい教育様式を実践する一方で，感染症が収束した『ポストコロナ』段階では教師が対面指導と家庭や地域社会と連携した遠隔・オンライン教育を使いこなす（ハイブリッド化）ことで協同的な学びを展開する」ことを構想している。筆者も近年東アジアを中心に近隣諸国の学校教育の現状を視察するたびに，我が国の学校教育におけるICT化の遅れを肌で感じており，その意味では，今回のコロナ禍はその遅れを取り戻す好機かもしれない。

　しかし，一方で，現実の問題として，このコロナ禍の中，学校が休校している間，既存のICTを最大限に活用して遠隔・オンライン授業を進めることができた地域や学校がある反面，電子機器やWi-Fi環境が未整備のために十分な授業提供ができなかった地域や学校があったことも事実であり，今回のコロナ禍で地域間や学校間，さらには個々の家庭間の教育条件に歴然たる格差が存在していることを改めて痛感した。

　確かに，コロナ禍の有無にかかわらず，今後学校教育におけるICT化の流れは不可避であり，中央教育審議会で検討されているような状況が学校教育においても求められるのかもしれない。対面授業と遠隔・オンラインを巧みに組み合わせ（ハイブリッド化），かつそのことを利用して地域社会や家庭とも連携できた学校教育の近未来的な姿は理想のように映るものの，そのために必要な条件整備を考えると，人的にも物的にもその整備において莫大な資金が必要となることは想像するに難くない。その資金を一体どこで調達・捻出するのか，ま

たその資金をどのように活用して人材育成を計画，実施するのか，その具体的な青写真がないところに先行きの不安を大いに感じるところではある。そして，何より強く危惧されるのは，中央教育審議会で構想されているICT化が進展した結果，これまで以上に地域間や学校間，個人間の教育格差が増幅されてしまうことである。筆者の杞憂(きゆう)に終わればよいのであるが，学校教育のおけるICT化を進めていく上では，この点を十分に警戒しておかなければなるまい。

## 演習課題

**課題1**：最近の中央教育審議会の答申には他にどのようなものがあるか調べてみよう。

**課題2**：諸外国の小学校は教科担任制，学級担任制のどちらか調べてみよう。

**課題3**：教科担任制と学級担任制の長所・短所について話し合ってみよう。

### 参考文献

中央教育審議会「『令和の日本型学校教育』の構築を目指して〜全ての子供たちの可能性を引き出す，個別最適な学びと，協働的な学びの実現〜」（答申）（中教審第228号），2021年1月26日，pp.1-92.
中国新聞「中教審答申・公費増額なぜ求めない」（社説），2021年1月31日.

### コラム　企業主導型保育所

　従来の保育事業は，主として公立や社会福祉法人立の認可保育所が担い，その運営資金の多くを市町村が負担してきた。しかしながら，近年，大都市部を中心にした女性の就業率の上昇に起因した保育ニーズの高まりは，これら認可保育所だけでは対応し切れず，「待機児童問題[*1]」が惹起(じゃっき)することとなった。本来ならば，認可保育所がこれらの需要に的確に応えるべきではあるが，制度上，児童福祉法の定める基準を満たす必要があるこれら認可保育所の純増は，公的財政の逼迫(ひっぱく)状況からみて期待薄であり，その受け皿として現れてきたのが認可外保育所・保育ママ[*2]であった。認可外保育所等は，確かに開所時間数や休日保育・病後児保育等，保護者の利便性という点では，認可保育所より優っている側面があるものの，法的基準を完備しておらず，提供する保育の質保障という点で，課題を孕(はら)んでいる。しかし，この待機児童問題の解消を表看板としつつ，閉鎖性の強かった保育事業への新規参入を認め，利用者（保護者）の獲得を目指して出現してきたのが民間営利企業の保育所である。

　近年，保育事業をめぐっては，2006（平成18）年に「認定こども園法」が成立し，保護者の就労の有無や就労形態にかかわらず多様な保育ニーズにより柔軟に対応できるようになった。さらに，2012（平成24）年には「子ども・子育て支援法」をはじめとする子ども・子育て関連3法が成立し，2015（平成27）年から本格実施され，小規模保育や家庭的保育，居宅訪問型保

### 表14-1　保育所の設置主体別認可数の推移

|  | 市町村 | 社会福祉法人 | 会社 |
|---|---|---|---|
| 2014年 | 9,730 | 12,571 | 649 |
| 2015年 | 9,275 | 12,397 | 981 |
| 2016年 | 8,948 | 12,268 | 1,264 |

出典）厚生労働省「保育所の設置主体別認可状況等について」2016を基に筆者作成.

育，事業所内保育にも財政的な支援を行うことが制度化された。しかしながら，厚生労働省発表「保育所等関連状況取りまとめ」〔2020（令和2）年4月1日〕によると，待機児童数は大都市圏を中心に未だ12,439人に上り，問題は解消されていない。現状，多くの事業者が社会福祉法人であるが，前述の厚生労働省発表データに基づいて企業主導型保育事業の内訳を筆者が試算してみても，未だ全体の23％程度であり，待機児童問題解消の切り札として登場したはずの民間企業の参入は功を奏しているとは言い難いようである。待機児童問題の解消は確かに重要な政策課題ではあるが，単なる数合わせ的な解消を図るだけではなく，提供される保育の質が確実に担保されることを前提とした解消でなければならない。

* 1　**待機児童問題**：一般には，就学前の子育て中の保護者が保育所への入所申請をしているにもかかわらず入所できずに，入所待ち，すなわち待機している状態が，社会問題化していることを指す。
* 2　**認可外保育所・保育ママ**：主として3歳未満の待機児童を保育者の居宅等で保育する通所の施設，または保育者の通称のことである。

# 索 引

● **編著者**　　　　　　　　　　　　　　　　　　　　　　〔執筆分担〕

こ が かずひろ
**古賀一博**　　福山平成大学 学長補佐 教授　　　　　　第14章

なかつぼふみのり
**中坪史典**　　広島大学大学院人間社会科学研究科 准教授　　第10章

か とう　 のぞみ
**加藤　望**　　名古屋学芸大学ヒューマンケア学部 准教授　　第7章


● **著者（五十音順）**

あおやまか か よ
**青山佳代**　　名古屋柳城女子大学こども学部 准教授　　　第11章

おおはしたかひろ
**大橋隆広**　　広島女学院大学人間生活学部 准教授　　　　第3章

からす だ なお や
**烏田直哉**　　東海学園大学教育学部 教授　　　　　　　　第4章

くろ き たかひと
**黒木貴人**　　福山平成大学福祉健康学部 講師　　　　　　第5章

けん　 かくこう
**権　赫虹**　　広島大学大学院人間社会科学研究科　　　　第10章

さ とうゆういちろう
**佐藤雄一郎**　大阪青山大学子ども教育学部 講師　　　　　第6章

そう ま むねたね
**相馬宗胤**　　高松短期大学保育学科 講師　　　　　　　　第1章

なか だ しゅうさく
**中田周作**　　中国学園大学子ども学部 教授　　　　　　　第12章

はやし　 めぐみ
**林　　恵**　　足利短期大学こども学科 教授　　　　　　　第13章

よこいし しほ
**横井志保**　　名古屋学院大学スポーツ健康学部 准教授　　第2章

りゅうざき ただし
**龍崎　忠**　　岐阜聖徳学園大学教育学部 教授　　　　　　第9章

わたなべ ま ほ
**渡邉真帆**　　福山市立大学教育学部 講師　　　　　　　　第8章

コンパス　教育原理

2021年（令和3年）4月15日　初版発行
2023年（令和5年）12月20日　第2刷発行

編著者　古　賀　一　博
　　　　中　坪　史　典
　　　　加　藤　　　望

発行者　筑　紫　和　男

発行所　株式会社 建 帛 社
　　　　　　　　KENPAKUSHA

〒112-0011 東京都文京区千石4丁目2番15号
　　　　　　T E L （03）3944-2611
　　　　　　F A X （03）3946-4377
　　　　　　https://www.kenpakusha.co.jp/

ISBN 978-4-7679-5130-0　C3037
©古賀一博，中坪史典，加藤　望ほか，2021.
（定価はカバーに表示してあります）

教文堂／愛千製本所
Printed in Japan